El auto- liderazgo y el líder *al* Minuto

Edición revisada y actualizada

OTROS LIBROS DE KEN BLANCHARD

Mentoría al minuto (con Claire Diaz-Ortiz)

¿Quién mató a Cambio?

El mánager al minuto (con Spencer Johnson)

El nuevo mánager al minuto (con Spencer Johnson)

El autoliderazgo y el ejecutivo al minuto

Un líder como Jesús

Guía a tu familia como lo haría Jesús (con Phil Hodges)

Liderando con amor (con Colleen Barrett)

Las 3 claves para el empowerment (con Alan Randolph)

Un servicio legendario (e-book)

Ayúdele a la gente a ganar en el trabajo (con Gary Ridge)

La colaboración comienza con usted (e-book)

Misión posible (con Terry Waghorn)

Liderazgo inteligente

El factor generosidad (con S. Truett Cathy)

Liderazgo al más alto nivel

¡Bien hecho! (con Thad Lacinak)

A todo vapor

El mulligan

¡Choca esos cinco! (con Sheldon Bowles)

¡Cierre las brechas!

El refugio más cálido y seguro (con Phil Hodges)

El secreto: lo que los granderes líderes saben… ¡y hacen!
(con Mark Miller)

Clientes incondicionales

La píldora del liderazgo (con Marc Muchnick)

¡Saber y hacer!

Clientemanía (con Jim Ballard y Fred Finch)

LIBROS DE SUSAN FOWLER

¿Por qué motivar a la gente no funciona, y qué sí?

Liderazgo al más alto nivel (con Ken Blanchard et ál.)

El auto-liderazgo y el líder al Minuto :01

Edición revisada y actualizada

Desarrolle la mentalidad y el conjunto de habilidades para obtener lo que necesita para tener éxito.

Ken Blanchard

Susan Fowler
Laurence Hawkins

HarperCollins *Español*

© 2018 por HarperCollins Español
Publicado en Nashville, Tennessee, Estados Unidos de América.
HarperCollins Español es una marca registrada de HarperCollins Christian
Publishing.

Título en inglés: *Self-Leadership and the One Minute Manager*
© 2005, 2017 por Polvera Publishing, Susan Fowler y Laurie Hawkins.

Un agradecimiento profundo a Bristol Park Books por el permiso para reimprimir
«The Business Card Trick» de *The Mammoth Book of Fun and Games* de Richard B.
Manchester. Copyright © 1976 por Hart Publishing Company, Inc.

Editora en Jefe: *Graciela Lelli*
Traducción: *Belmonte Traductores*
Adaptación del diseño al español: *Grupo Nivel Uno, Inc.*

ISBN: 978-0-71808-722-7

Impreso en Estados Unidos de América
18 19 20 21 LSC 9 8 7 6 5 4 3 2 1

Contenido

Introducción

Hoy día es imperativo que las personas aprendan a ser líderes de sí mismos: individuos capaces de establecer prioridades, tomar la iniciativa y resolver problemas de manera independiente.

Antiguamente, los mánager de ordeno y mando a menudo tomaban todas las decisiones y le decían a la gente qué, cuándo y cómo hacer las cosas. Sabemos que este estilo de dirección puede erosionar un sentimiento sano de autonomía y enfriar la iniciativa de las personas, su creatividad y sentimiento de bienestar.

La naturaleza del trabajo del siglo XXI requiere un entorno laboral más colaborativo. Los avances en tecnología están descentralizando el lugar de trabajo. Por ejemplo, cada vez más personas trabajan virtualmente y usan herramientas con base en la nube para hacer avanzar los proyectos. Las cosas están cambiando de forma tan rápida que los empleados directos a menudo saben más sobre su trabajo que sus propios gerentes.

En el lugar de trabajo colaborativo y descentralizado de hoy, es esencial que los individuos se conviertan en colaboradores proactivos en vez de ser los acatadores de órdenes reactivos que eran antes. Para que cosas como campañas de ventas e iniciativas de servicio al cliente tengan éxito, deben estar respaldadas por personas entrenadas en el autoliderazgo proactivo.

Publicado por primera vez en 2005, *El autoliderazgo y el líder al minuto* introdujo un camino demostrado para el empoderamiento disfrazado de una parábola divertida de leer. En un mundo laboral cada vez más rápido, esta edición actualizada es más relevante que nunca.

Si es usted un colaborador individual, este libro le mostrará cómo ser proactivo en cuanto a obtener la ayuda que necesita para el éxito. Si es usted un mánager o ejecutivo, este libro le enseñará lo fundamental sobre el desarrollo de personas que sean líderes de sí mismas.

Nuestra investigación demuestra que cuando colaboradores individuales y los mánager se alinean en torno al autoliderazgo, ambos se involucran más y obtienen mejores resultados. Como resultado de ello, los clientes están más felices y las organizaciones son más rentables. De hecho, una cultura de autoliderazgo es la marca de las grandes organizaciones. En estas compañías, el liderazgo se produce en todas partes, no solo en la suite C.

Así que disfrute de esta historia. Como pronto descubrirá, el autoliderazgo no es una extraña habilidad reservada solo para los superdotados y las personas con grandes dotes de este mundo. Es una mentalidad y un conjunto de habilidades que se pueden aprender, y enseñar.

El auto-liderazgo y el líder al Minuto

Edición revisada y actualizada

:01

1

¿Cree en la magia?

Steve se aclaró la garganta y miró alrededor de la mesa de la sala de conferencias.

—Bienvenidos todos.

Tras meses de preparación, este era el momento para el que había estado trabajando tanto, su primera presentación de una campaña publicitaria. Y estaba algo más que un poco nervioso. Los diez hombres y dos mujeres sentados ante él eran sus clientes, y ellos decidirían si su campaña era aceptable para el año entrante.

Steve distribuyó copias encuadernadas en canutillo de la propuesta de la campaña a los once vicepresidentes y después le entregó una a Roger, el presidente del United Bank.

—Me gustaría comenzar revisando nuestro presupuesto.

Steve dirigió su atención a la pantalla del proyector, donde presentó las cantidades del presupuesto destinadas a los pagos de diseño, producción y multimedia. Discutió sus recomendaciones de multimedia y las razones de cada una de ellas. Después, explicó las ideas que había tenido con respecto a la parte creativa de la campaña.

—¿Alguna pregunta? —cuestionó Steve.

Alrededor de la mesa, la gente meneaba negativamente la cabeza. Steve sintió que estaban esperando a ver cómo iba a ser y a sonar la campaña.

—De acuerdo, permítanme pasar al enfoque creativo que estamos recomendando.

Dirigiendo la presentación desde su computadora portátil en la pantalla del proyector, Steve reveló guiones gráficos para los anuncios de televisión propuestos. Después, enseñó anuncios preliminares impresos y los correos directos. Finalmente, leyó en voz alta los textos de la publicidad que saldrían en la radio.

Cuando terminó su presentación, Steve respiró hondo y esperó oír lo que pensaban.

Al principio, ninguno hablaba. El silencio se generalizó volviéndose un tanto incómodo.

Finalmente, uno de los vicepresidentes dijo:

—Ha optado por un enfoque mucho más ligero del que pensé que tendríamos, pero quizá está bien, ya que proyecta la idea de un banco amigable.

Otro vicepresidente habló:

—Es obvio que ha invertido mucho tiempo y esfuerzo en esta campaña.

Tras otro incómodo silencio, todas las cabezas se giraron hacia Roger, el presidente del banco.

—Esto es una basura —dijo Roger.

Asombrado, Steve se quedó en blanco. Simplemente no sabía qué responder. Asintió con la cabeza como si estuviera intentando sacudirse un pensamiento.

—Imagino que hemos fallado —dijo finalmente Steve—. Volveré y hablaré con el equipo creativo. Les diré algo al respecto la semana que viene.

Steve no recordaba cómo llegó hasta su automóvil. Se encontró a sí mismo conduciendo, pero no de regreso a la agencia. No podía mirar a la cara a su equipo. Gracias a Dios que su jefa, Rhonda, estaba de viaje. Tenía que encontrar un lugar donde poder estar solo y pensar. También necesitaba una buena taza de café. Conduciendo por un vecindario que no conocía bien, dio con un lugar llamado Cayla's Café. Entró con la esperanza de encontrar algo de alivio.

Echó un vistazo rápido al café-librería con sus mesas de madera sólida y robustas sillas a juego. Era un lugar muy distinto al croma de alta tecnología y la gran energía de la agencia de publicidad. Encontró paz en el frescor parecido al de las cuevas, y se calentó con el olor a café.

¿Qué había fallado? ¿Cómo se habían descarrilado tanto las cosas?

Steve pidió un café moca y dejó que el calor de la taza se incrustara en las palmas de sus manos. Tras ese último fiasco, estaba seguro de que le despedirían.

Mientras pensaba en ello, le sorprendía haber llegado tan lejos.

Cinco años atrás, Steve se había sentido como si le hubiera tocado la lotería. Rhonda, cofundadora de la agencia de publicidad Creative Advertising Agency, le había contratado nada más salir de la universidad con una carrera en mercadeo. Había entrado en un puesto bajo y rápidamente se había abierto camino hasta asumir la gestión de producción a cargo de varios clientes importantes. El año pasado había trabajado como coproductor del programa de premios de la industria para campañas publicitarias destacadas.

Hacía cuatro meses, Steve se sintió halagado cuando Rhonda le dio la oportunidad de saltarse el típico camino de su carrera como contador ejecutivo junior de un cliente más grande y asumir el papel de contador ejecutivo de un cliente pequeño pero bien considerado: United Bank. Rhonda le dijo a Steve que quería empoderarle, y que ese era el momento perfecto para hacerlo.

Steve vio su ascenso como su oportunidad de demostrar su valía. Si podía dejar huella en el United Bank, pronto podría tomar los clientes con más prestigio y grandes presupuestos.

O al menos eso es lo que había pensado. Ahora, su confianza estaba por los suelos y su futuro en el aire. La reunión le había perturbado. Cuanto más pensaba en la reacción del presidente del banco, más se enojaba.

En un chispazo revelador, Steve se había dado cuenta de la verdadera fuente de su fracaso: era

Rhonda. ¡Le había abandonado! ¿Dónde estaba ella cuando él la había necesitado y cuando todo se estaba desmoronando? ¿Por qué no le había advertido de que el cliente era una pesadilla, que el redactor creativo de su equipo era un quejica y que el director artístico era un egomaníaco? Rhonda era la única persona que le podría haber salvado de su humillación, pero en cambio, ella le había «empoderado». Había confiado en ella, y ella le había soltado en medio de los lobos.

Ahora que había demostrado ser un fracaso, Steve estaba seguro de que Rhonda le despediría. Decidió tomar la delantera. Ella no le despediría, ¡sino que él mismo se iría! Sacó un cuaderno y un bolígrafo para comenzar a redactar su carta de dimisión.

Estaba escribiendo la primera frase cuando llamó su atención un grupo de niños que intentaban camuflar la risa mientras se reunían debajo de un letrero rústico que informaba de que esa zona se llamaba El Rincón Mágico de Cayla. Él observaba mientras una mujer pequeña y dinámica se movía delante de los niños y se sentaba en un sencillo taburete de madera delante de ellos. Ella hizo descansar sus brazos en sus muslos y se inclinó hacia ellos. Sin decir ni una palabra, miraba intencionadamente a cada niño. Steve podía haber escuchado el sonido de una mosca.

—Soy Cayla —dijo ella en voz bajita, pronunciando cada palabra como si estuviera revelando un gran misterio—. Y soy maga.

Les habló acerca de un antiguo indio misterioso que le enseñó el arte de la mente sobre la materia. Para demostrarlo, sacó dos gomas elásticas, las entrelazó, y estiró y estiró para demostrar que no se podían separar.

Explotando el cuento todo lo que podía, Cayla decía que podía separar las dos gomas elásticas usando solo el poder de su mente, y después así lo hizo. Los niños gritaron dando su aprobación. Verdaderamente era magia. Steve recuperó su enfoque y volvió a escribir su carta de dimisión, perdiendo la noción del tiempo.

—¿Le ha gustado la magia?

La voz le distrajo de su profunda concentración. Steve alzó la mirada y vio a Cayla de pie a su lado. Él se levantó incómodamente y le extendió su mano.

—Lo siento, espero que no le haya importado; fue divertido mirar. Es usted una maga muy buena. Me llamo Steve.

—¿Importarme? En absoluto —dijo la mujer mientras le estrechaba la mano—. Esperaba que se uniera a nosotros. Me llamo Cayla.

—Me gusta ese nombre.

Cayla sonrió.

—Gracias. A mis padres les gustaba mucho el nombre porque significa «empoderada» en hebreo. Quizá es de ahí de donde conseguí mis poderes mágicos —dijo ella con una sonrisa.

Steve le mostró una tímida sonrisa.

—Recuerdo cuando creía en la magia. También recuerdo lo decepcionado que me quedé cuando supe que no existía la magia. Pero no me malentienda, pues sigo apreciando la habilidad que hay detrás de cada truco.

—No cree en la magia —dijo ella con un suspiro—. Muy mal, porque parece como si necesitara algo de magia.

Steve estaba demasiado perplejo como para responder. No tenía ni idea de que él era tan trasparente. Cayla acercó una silla de la mesa contigua y se sentó, indicándole a Steve que también se sentara.

—Escuche —dijo ella, mirando a Steve con el mismo contacto visual intenso que había tenido con los niños antes—. Obviamente es usted un hombre de negocios, pero se encuentra aquí en esta librería a mediodía. Casi no ha probado su café y su bizcochito. Algo le preocupa.

Animado por su sonrisa compasiva, Steve le contó a Cayla su triste historia, comenzando con su emoción y orgullo de haber conseguido su propio cliente tras menos de dos años en la empresa.

—Pero no pasó mucho tiempo hasta que mi sueño se convirtió en una pesadilla —explicó él—. Incluso en las reuniones iniciales con el cliente nos costó establecer un presupuesto para la publicidad. Yo había desarrollado presupuestos de multimedia y producción anteriormente, pero no podía decirle al cliente lo que era apropiado para ellos. Nada en esas primeras reuniones confirmaba sus buenas primeras impresiones hacia mí o la agencia, y desde ahí todo fue cuesta abajo. No había presupuesto, ni metas, ni estrategia. No sabía cómo dirigir mi equipo creativo sin una estrategia publicitaria que hubiéramos acordado. El cliente me volvía loco, ¡nadie se ponía de acuerdo en nada!

Cayla asentía pensativa mientras escuchaba a Steve contar su parte de la relación fallida con el cliente.

—¿Y qué hay de su equipo creativo? ¿Ellos le ayudaron? —preguntó ella.

—Ah, eso es otra historia. Las personas creativas son peores que niños consentidos. Intenté darles dirección, pero era como poner orden en una jaula de grillos. Cuando pedían cosas más concretas, yo intentaba explicarles que el cliente no se ponía de acuerdo en una estrategia. Pero todo caía en oídos sordos. Me decían que mi trabajo era averiguar lo que quiere el cliente, ¡aun cuando el cliente no esté seguro! ¿Cómo puedo hacer eso? Al final, demandé que me dieran algo, cualquier cosa, para que yo pudiera enseñársela al cliente. Y así lo hicieron.

—Me da miedo preguntar... —la frase de Cayla fue seguida de un silencio.

—Por eso estoy aquí. Fue un fiasco. Al cliente no le gustó nada. Diablos, lo sabía. Sabía que no era bueno, pero era lo único que tenía. —Steve tenía la cabeza entre sus manos como si la carga fuera demasiado grande para contemplarla—. Estoy harto de todo este proceso creativo. Yo no soy creativo, así que tengo que depender de mi equipo, ¡y no se puede confiar en ellos en absoluto! Me sitúa en una situación de perdedor seguro. ¿Cómo voy a gestionar el proceso creativo cuando yo mismo no soy creativo?

—¿Y qué está haciendo ahora? —continuó Cayla.

—Estoy redactando mi carta de dimisión —dijo Steve muy convencido.

—Vaya... —dijo Cayla pensativamente—. ¿Abandonar?

—Sí, antes de que me despidan —respondió Steve.

—¿Por qué no va a ver a su jefa y le pide ayuda? —preguntó Cayla.

—Es demasiado tarde. ¿Qué puede hacer Rhonda ahora? Probablemente vamos a perder el cliente, y ella me culpará a mí aunque no sea culpa mía.

—¿Y de quién es la culpa? —preguntó Cayla.

Steve meneó la cabeza, sintiéndose aún más traicionado por Rhonda.

—¿Acaso no es obvio? Cuando Rhonda me abandonó, todo se vino abajo. Ahora incluso he perdido mi confianza en las cosas que solía hacer bien, como los presupuestos, multimedia y producción. No me daba cuenta de que el mundo de la publicidad es una selva. No es como pensaba que sería —se lamentaba Steve.

—Igual que la magia —interrumpió Cayla—. A usted le gustaba la magia cuando era ingenuo y podía dejar a un lado su incredulidad. Pero ahora está desilusionado con ella, porque se da cuenta de que hay un truco detrás de la magia.

—Estoy seguro de que no hay ningún truco para tener éxito en este negocio. Si lo hay, nadie se ha molestado en enseñármelo —dijo Steve con tono desafiante.

—Si me permite decirlo, parece estar lleno de excusas, como si fuera una pobre víctima de las circunstancias.

El comentario de Cayla golpeó a Steve con dureza y él respondió a la defensiva.

—¿Qué quiere decir con «una víctima de las circunstancias»?

—Me refiero a una persona que rehúsa aceptar la responsabilidad por la situación en que se encuentra. Es más fácil culpar a todos los que hay alrededor en lugar de aceptar la responsabilidad por la parte que a uno le toca —respondió Cayla sin disculparse.

—Un momento. No me puede culpar de lo ocurrido. Las expectativas de Rhonda no fueron justas. No recibí el apoyo que necesitaba de ella o del equipo creativo, y podría seguir sin parar —afirmó Steve.

—Entonces —continuó Cayla—, Rhonda debería haber hecho algo mejor que delegarle a usted el cliente y darle la libertad de hacer su trabajo, ¿verdad?

Steve estaba un poco molesto, y sorprendido, por el giro que había dado la conversación. Pero en su corazón sabía que ella quería decirle algo.

Los ojos de Cayla se llenaron de empatía, y con un tono relajado, dijo:

—Ahora mismo se siente confundido e inseguro. Siente que hay algo de verdad en lo que estoy diciendo, pero aceptarlo significaría que debe ser *usted* el responsable, y no Rhonda, su cliente o su temperamental equipo creativo. De algún modo eso no le parece justo. Incluso se siente un tanto temeroso.

Steve miraba fijamente a Cayla, preguntándose cómo esta mujer podía saber todo eso. Era como si pudiera leer su mente.

—Permítame explicarlo —le dijo Cayla antes de que Steve pudiera preguntar—. Yo no soy adivina. Como maga, domino la observación, aunque ahora mismo no es usted muy difícil de leer.

Cayla miró fijamente a los ojos de Steve.

—Steve, hace años yo estaba en una barca muy parecida a la barca en la que usted se está hundiendo ahora. Por fortuna para mí, conocí a un tipo maravilloso conocido como El Mánager al Minuto. Lo que él me enseñó creó un cambio tan milagroso en mi vida que yo lo llamo mágico. Me gustaría pasarle a usted esa magia.

—¿Magia? —preguntó Steve un tanto incrédulo—. ¡Creo que lo que necesito es algo más que humo y espejos para poder salir de este lío!

—No está en el humo o en los espejos —dijo Cayla de forma rotunda—. La magia viene del autoliderazgo.

Steve respondió con prontitud.

—Quizá el liderazgo podría funcionar para El Mánager al Minuto, pero yo no soy un mánager, y mucho menos alguien famoso. Soy un simple contador ejecutivo con un mánager que no me apoya, al menos cuando lo necesito.

Cayla levantó una ceja.

—Así es como se ve desde donde usted está sentado ahora, que es en el pozo de la autocompasión —ella sonreía mientras lo decía, y Steve no pudo reprimir una sonrisita—. Tiene que darle la vuelta a su problema —prosiguió Cayla—, para que sea usted quien esté encima. Es tiempo de dejar de buscar excusas y comenzar a conducirse de manera proactiva.

—Gracias por el discurso motivacional, pero no creo en la psicología popular ni en las balas mágicas —dijo Steve con tristeza.

—Necesito que deje a un lado su incredulidad, como hacía cuando era un niño y veía la magia y creía. Necesito que crea en la magia del autoliderazgo —dijo Cayla.

Steve se rio a medias mientras preguntaba:

—De acuerdo, ¿cuál es el truco?

—En verdad, son tres trucos. Se los contaré cuando esté preparado.

—¿Cómo sabré cuándo estoy preparado?

—Uno está preparado para el autoliderazgo cuando acepta la responsabilidad de su propio éxito.

—¿Se refiere a que tengo que dejar de culpar a Rhonda, a mi equipo creativo y al cliente, y mirar en el espejo para ver lo que yo hice o no hice para tener éxito?

—Sí —respondió ella—. Tiene que dejar de pensar en el empoderamiento como «una palabrota» y darse cuenta de que es una gran oportunidad. Tiene que comenzar a tomar las riendas para conseguir lo que necesita.

Se produjo una larga pausa mientras Steve meditaba en el reto de Cayla.

—Creo que lo entiendo —dijo finalmente en tono suave—. Rhonda me empoderó para hacer un trabajo, y yo fallé en tomar la iniciativa y la responsabilidad para tener éxito en él. Desempeñé el papel de víctima. El problema de que te empoderen es que cuando las cosas salen mal, uno no tiene excusas. No hay nadie a quien culpar sino a uno mismo.

—Esta es la verdad del asunto: solo hay poder en el empoderamiento si uno es su propio líder —Cayla esperó a que Steve le mirase a los ojos—. Recuerde:

✻

*El empoderamiento es
algo que alguien nos
da. El autoliderazgo
es lo que hacemos
para que funcione.*

✻

—Es obvio que yo fallé el test de autoliderazgo. Pero no me puedo dar el lujo de que mi currículum refleje que fui despedido, aunque me lo merezca. Casi he terminado mi carta de dimisión. Tengo que entregársela a Rhonda antes de que regrese de su viaje —dijo Steve.

—¡Caramba! —Cayla levantó la mano—. ¡Ahí está de nuevo en su fiesta de autocompasión! ¿Qué le ocurrió al autoliderazgo?

—Eso es lo que estoy haciendo —argumentó Steve—. Estoy tomando la iniciativa, ¡dimitiendo!

Cayla meneó su cabeza y se rio.

—Hay veces en que abandonar es apropiado, pero esta no es una de esas veces. ¿Por qué está tan convencido de que no tiene una oportunidad? Nadie le ha advertido, ¿o sí lo han hecho?

—No, pero sé lo que pensará ella —dijo Steve en tono desafiante.

—Steve, ¿esta frase es verdadera o falsa? «Las personas no son adivinas, así que es injusto esperar que sepan lo que uno está pensando».

—Verdadera, siendo usted la única excepción posible —dijo Steve con una sonrisa.

Cayla le devolvió la sonrisa.

—Entonces, si Rhonda no sabe lo que usted está pensando, ¿cómo está tan seguro de saber lo que ella está pensando?

—Tiene razón —dijo él.

—¿Qué le parece esta frase? «Es por mi propio bien asumir la responsabilidad de conseguir lo que necesito para tener éxito en mi trabajo».

—Imagino que la responsabilidad es mía —reconoció Steve algo reticente—, pero no sé muy bien qué hacer.

—Sígame —dijo Cayla.

2

Las personas no son adivinas

Steve siguió a Cayla a la trastienda y la vio desaparecer tras una puerta con una pequeña placa que llevaba su nombre. Cuando llegó a la entrada de la oficina de Cayla, se quedó paralizado. Dentro había un bosque de estanterías, cajas, barriles, baúles y muebles llenos de parafernalia de magia. Era un lugar encantado, no por las cosas que había en él, sino por el sentimiento que tuvo cuando entró en la habitación.

Cayla se acercó a un mueble archivador antiguo de roble etiquetado como «Magia de autoliderazgo proactivo». Abrió el cajón de arriba, buscó entre los ficheros, y sacó una hoja mientras exclamaba:

—¡Abracadabra!

Steve se rio a pesar de sí mismo, preso de la alegría de Cayla por encontrar una simple hoja de papel.

—Su tarea para esta tarde —dijo ella, entregándole la hoja.

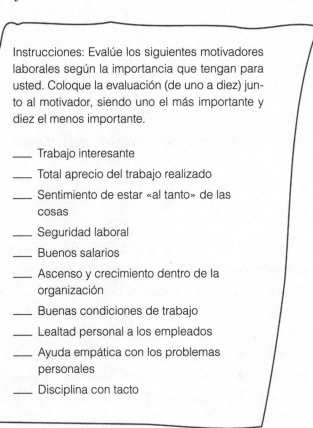

Instrucciones: Evalúe los siguientes motivadores laborales según la importancia que tengan para usted. Coloque la evaluación (de uno a diez) junto al motivador, siendo uno el más importante y diez el menos importante.

____ Trabajo interesante

____ Total aprecio del trabajo realizado

____ Sentimiento de estar «al tanto» de las cosas

____ Seguridad laboral

____ Buenos salarios

____ Ascenso y crecimiento dentro de la organización

____ Buenas condiciones de trabajo

____ Lealtad personal a los empleados

____ Ayuda empática con los problemas personales

____ Disciplina con tacto

—Tras haber evaluado los motivadores, pida al menos a cinco de sus colegas de trabajo que también lo evalúen. Tráigalo todo mañana y dígame lo que haya aprendido.

—¿Es esto un truco? —preguntó Steve algo escéptico.

—¡Es el comienzo de uno! —dijo Cayla con entusiasmo—. Lo que aprenda con esta tarea reforzará lo que aprendió hoy y le presentará el primer truco de ser un autolíder.

—De acuerdo, lo haré por ahora, pero no estoy diciendo que no abandonaré. Tengo hasta que mi jefa regrese a final de mes para decidir lo que haré —decir las palabras llenó a Steve de premonición. Nunca había dejado un trabajo por circunstancias negativas—. Si puedo preguntarlo, ¿qué obtiene usted con todo esto?

Cayla sonrió.

—¿Recuerda el Mánager al Minuto del que le hablé? Cuando me sacó de mi atolladero, le pregunté cómo podía compensarle por todo lo que me había ayudado. Él me dijo que lo único que podía hacer era transmitir el aprendizaje a otros. Además —continuó con un guiño—, el propósito de mi vida es ser maga. Usted me está dando una oportunidad de hacer magia.

—Imagino que yo *podría* aprovechar un poco de magia ahora mismo —admitió Steve—. Nos vemos mañana.

• • •

Steve regresó a la agencia y se metió en su oficina cuando uno de sus compañeros pasó por allí. Él sabía que tendría que encarar su fracaso mañana en la reunión programada, pero no estaba listo aún para hablar de ello.

Usando su impresora, escaneó la hoja que Cayla le había dado y mandó por correo electrónico la versión electrónica a cinco de sus compañeros: la ayudante de Rhonda, Phyllis; un joven contador ejecutivo llamado Grant; su amigo del correo Mike; su técnico favorito, Skye; y Ricardo, el socio más veterano de su planta. El correo electrónico salió con el siguiente mensaje:

Necesito su ayuda para un estudio que estoy realizando. ¿Podría dedicar unos minutos a llenar esta encuesta y dejarla en mi despacho hoy cuando se vaya? Es una «tarea» que tengo que entregar mañana.

Gracias
Steve

Después dedicó un par de minutos a evaluar su propia hoja.

Justo antes de terminar el día, Phyllis pasó por su oficina.

—Terminé la encuesta —dijo ella—. Es muy interesante. Me encantará escuchar lo que aprenda cuando termine su estudio.

Antes de que Steve pudiera responder, Grant asomó su cabeza por la puerta.

—No quiero ofender —dijo mientras entregaba su encuesta a Steve—, pero no sé cómo va a demostrar nada este estudio. Quiero decir que es bastante obvio que un trabajo interesante es lo que realmente motiva a la gente.

—En realidad, la seguridad en el trabajo es lo más importante para mí —dijo Phyllis.

—¡Ni hablar! —dijo Skye, que había escuchado la conversación mientras entraba en la oficina de Steve—. ¡Lo máximo es tener unas buenas condiciones laborales!

Mike llegó momentos después y argumentó que lo que más le motivaba a él era que apreciaran su trabajo.

El grupo comenzó un acalorado debate sobre cuáles eran los motivadores más importantes. Cada uno tenía su propio argumento para su evaluación. A medida que escalaba el nivel de ruido, Ricardo salió de su oficina para investigar.

—¿Qué sucede? —preguntó.

—Estamos hablando de la encuesta que envié antes —dijo Steve, entregándole una copia.

El ejecutivo vestido de Madison Avenue echó un vistazo a la lista.

—Ah, eso —dijo—. Es bastante obvio que la gente se motiva con un buen salario. Todos ustedes han pedido más dinero en algún momento, así que supongo que eso es lo que les motiva.

El grupo se quedó de pie con una callada sorpresa. Ninguno de ellos había mencionado el buen salario en sus tres primeras opciones. Cuando el grupo compartió sus principales motivadores con Ricardo, él se quedó con la boca abierta.

—No me puedo creer que haya trabajado con este equipo durante años sin saber lo que era realmente importante para ustedes.

—¡Ese es el punto de este ejercicio! —dijo Steve—. Cada uno tiene cosas diferentes que le motivan. La creatividad de Grant demanda un trabajo interesante. Phyllis valora la seguridad, probablemente porque está criando a una joven familia. Además, lo que nos motiva hoy puede cambiar mañana.

Steve miró al trabajador del correo.

—Por ejemplo, cuando los hijos de Mike sean grandes y él esté pensando en enviarlos a la universidad, un buen salario puede que esté en lo más alto de su lista.

—De acuerdo —dijo Grant—, quizá nos motivan cosas distintas a cada uno. ¿Es ese el punto?

Steve pensó en su conversación con Cayla. Ella dijo que esa encuesta reforzaría lo que había aprendido antes y le llevaría a su primer truco de autoliderazgo. De repente, se conectaron los puntos en la mente de Steve.

—¡El punto es que nuestros jefes no son adivinos! —exclamó él—. ¿Cómo es posible que esperemos que entiendan lo que nos motiva a cada uno? No es justo para ellos, ni para nosotros.

Sintiendo una verdadera emoción por su pensamiento, Steve miró a cada uno de sus compañeros uno a uno y declaró:

✼

*«Al final, es por
nuestro propio
bien asumir
la responsabilidad
de conseguir lo que
necesitamos para
tener éxito en el
lugar de trabajo».*

✼

3

Pensamiento de elefante

A la mañana siguiente, Steve se acercó al Cayla's Café y estacionó en un espacio justo enfrente de la fachada principal. Una pequeña campanita sonó cuando abrió la puerta, una señal melodiosa para los dependientes de que alguien quizá necesitaría su ayuda. Al pedir su café moca, escuchó a alguien silbar al otro lado de la sala. Era Cayla, que le hizo señas para que fuera con ella.

Steve tomó su taza y se acercó a Cayla. Ella desapareció tras una estantería de libros, pero siguió el silbido y la encontró buscando en un escritorio de su pequeña oficina.

—Entonces —comenzó ella sin alzar la mirada—, ¿cómo resultó la tarea?

Ella continuaba buscando en el cajón.

—Hice la encuesta, y creo que desveló lo que usted decía ayer sobre que las personas no son adivinas. No estoy seguro de hacia dónde nos lleva eso, pero me enseñó algo.

—¿Qué aprendió de la encuesta? —preguntó Cayla mientras sacaba un par de tijeras de una madeja de gomas elásticas y clips de papel.

—No fue tanto la encuesta, sino la discusión que provocó. Resultó obvio para todos que ningún jefe puede conocer y dar la motivación que cada individuo necesita. Cada uno tiene una motivación distinta para hacer lo que hace, así que depende de nosotros tomar la iniciativa para crear un entorno profesional que funcione para nosotros —concluyó Steve confiadamente.

—Bien hecho —dijo Cayla con una sonrisa—. Ha demostrado estar listo para aceptar la responsabilidad del autoliderazgo. Es el momento de aprender el primer truco de un autolíder. —Cayla tomó sus tijeras y condujo a Steve hacia una mesa que había entre las estanterías—. ¿Qué otras ideas tuvo usted en cuanto a ser un autolíder?

—No sé si esto tendrá sentido, porque por lo general necesito tiempo para procesar las cosas —dijo Steve.

—Adelante —le animó Cayla.

—Tiene que ver con mi forma de pensar sobre el lugar de trabajo, cosas que he creído desde que comencé a trabajar, incluso desde niño. Hasta ayer, pensaba que mi jefa debería saber lo que necesito y dármelo, pero no es así como funciona. Me pregunto en qué más estoy equivocado.

—¿Tiene una tarjeta de presentación? —preguntó Cayla.

—Claro —dijo Steve. Sacó una tarjeta de su maletín y se la entregó—. Me disculpo. Debería haberle dado una ayer.

—No es para mí, sino para usted. Es un reto.

Cayla sostenía la tarjeta de presentación de tamaño estándar con ambas manos, dándole la vuelta varias veces como para asegurarse de que no había nada anormal en ella.

Le pasó las tijeras a Steve resbalándolas por la mesa y puso ceremoniosamente la tarjeta de presentación boca abajo sobre la mesa.

—Agarre estas tijeras y haga un agujero en la tarjeta lo suficientemente grande para que pueda meter la cabeza por él. Por cierto, un agujero es un espacio rodeado todo él por papel, sin brechas ni roturas, ni extremos unidos.

Steve le miró como si ella estuviera loca. Cayla estaba sentada en silencio, esperando.

—Sé que dijo que iba a enseñarme algo de magia, pero no tengo tiempo para juegos, Cayla. Mi trabajo está en peligro.

—Sé que cree que no tiene tiempo para esto —respondió Cayla—. No puede imaginar cómo esto sería de utilidad o de relevancia, y además, es tan solo un truco, ¿verdad?

—Ahora que lo menciona, odio los trucos de salón, nunca se me han dado bien. He perdido más dinero en bares del que pueda imaginar. A algunas personas se les da bien este tipo de cosas, pero a mí no.

Cayla asintió.

—Pensamiento de elefante.

—¿Disculpe?

—Se ha limitado a usted mismo basándose en sus experiencias pasadas —dijo ella—. Cuando empiezan a entrenar a un elefante, encadenan una pata del elefantito a un poste en el suelo. El elefantito quiere irse. Tira y tira, pero no puede escaparse, pues la cadena es demasiado grande y el poste está demasiado clavado en el suelo. Así que deja de intentarlo. Cuando se hace grande, el elefante asume que no puede escaparse. Hoy es un elefante de seis toneladas. Podría estornudar y romper esa cadena, pero ni siquiera lo intenta. Los entrenadores dicen que pueden poner una cuerda alrededor de la pata de ese elefante de seis toneladas y no se iría.

—Entonces ¿me está diciendo que soy como ese elefante? —preguntó Steve frunciendo el ceño—. ¿Que como he fallado en el pasado ni siquiera lo vuelvo a intentar? —Al escuchar las palabras en voz alta, se dio cuenta de que había algo de verdad en lo que estaba diciendo.

Cayla sonrió.

—Acaba de llegar al primer truco de un autolíder.

—¿De verdad? —reaccionó Steve.

—Sí. Son esos tipos de suposiciones lo que limitan su día a día. Se llaman **limitaciones supuestas**.

— ¿Qué es una restricción consumada? —preguntó Steve.

Ella se rio por su mezcla de terminología, y después lo aclaró.

✲

«*Una* **restricción asumida** *es una creencia que limita nuestra experiencia*».

✲

—De acuerdo, entiendo que tengo limitaciones supuestas sobre este truco de la tarjeta y las tijeras, pero ¿qué tiene que ver eso con mi situación laboral? —preguntó Steve.

—Está suponiendo que sabe lo que Rhonda, su equipo y su cliente piensan y sienten. Está suponiendo que no puede tener éxito en su papel en el trabajo. Necesita dejar de hacer eso.

—Esto es deprimente —dijo Steve.

—Podría ser inspirador —contrarrestó Cayla.

—Qué lástima que yo no tenga sus poderes de observación, porque así sabría lo que todos están pensando y no tendría limitaciones supuestas tan a menudo —dijo Steve.

—Poder leer a la gente es un don, pero el mayor don es conocer su *propia* mente.

—Sí. Eso es verdaderamente un reto —dijo Steve apenado.

Cayla asintió. —Me tengo que ir —dijo tras una pausa—, pero como estamos en el tema de los retos, ¿está listo para hacer un agujero en su tarjeta suficientemente grande para meter la cabeza?

Steve tomó las tijeras y agarró la tarjeta. Para su asombro, sus datos de presentación ya no estaba en la tarjeta. En su lugar estaban las palabras:

> ## *El primer truco de un autolíder:*
> ## ¡RETAR
> ## LAS LIMITACIONES
> ## SUPUESTAS

Él levantó su mirada para elogiar a Cayla por su juego de manos, pero ella se había ido. Con una sonrisa de sorprendido, él sacudió su cabeza. Mirando su reloj, se dio cuenta de que él también debería haberse ido. En menos de una hora tenía que estar de nuevo en su oficina para su temida reunión de equipo tras la presentación.

Steve llegó de nuevo a la agencia justo a tiempo para hacer algunos preparativos de última hora. Había estado postergando las cosas, inseguro de cómo decirles a los miembros de su equipo que el cliente había rechazado sus esfuerzos. Sabía que ellos le pedirán respuestas, y no tenía ninguna.

El equipo (el grupo creativo, el ayudante de producción y el comprador de espacios publicitarios) llegó a la sala de conferencias para escuchar lo que había dicho el United Bank de la presentación. Debieron sentir que no había buenas noticias. Sin muchas palabras, ocuparon sus lugares y esperaron a que Steve comenzara la reunión.

Steve comenzó con una nota positiva.

—El United Bank reconoció y apreció el duro esfuerzo que pusimos en la campaña.

Peter, el director artístico, interrumpió.

—No tiene que animarnos, Steve. Seguro que no lo compraron, o de lo contrario ya habría dicho algo. ¿Qué dijeron?

Steve tomó aire.

—Dijeron que era una basura.

Ni siquiera Peter respondió con comentario alguno.

Steve habló rompiendo el silencio.

—Creo que todos estaremos de acuerdo en que no fue nuestro mejor trabajo. No tengo ninguna respuesta en estos momentos, pero sí tengo una disculpa.

Observó que tenía la completa atención de todos.

—Mi presentación estuvo bien, y el esfuerzo que ustedes hicieron fue bueno. Lo que no funcionó fue la falta de un presupuesto acordado y una estrategia global. No se puede crear nada en un vacío, y por eso, yo asumo la responsabilidad.

—Bueno, tampoco ellos son las personas más fáciles con las que trabajar —dijo Maril, la compradora publicitaria.

—¡Son banqueros! —dijo Alexa, la mitad del equipo creativo de Peter y Alexa—. ¿Qué sabrán ellos sobre obra creativa? ¡Probablemente no distinguirían una buena obra creativa de un agujero en el suelo!

Steve se quedó anonadado con los comentarios del equipo. Todo ese tiempo había supuesto que su desdén era hacia él, cuando en verdad los problemas los tenían con el cliente. Al principio se sintió aliviado, pero después se dio cuenta de que sus percepciones provenían de la energía negativa que él les había mostrado hacia el cliente. Si estaban desanimados con el cliente, era responsabilidad de él. Sus limitaciones supuestas habían limitado a todo el equipo. ¿Cómo podía él abrir sus mentes?

De repente, tuvo una idea.

Rebuscó por su maletín y encontró las tijeras que había tomado prestadas de Cayla. Pasó una tarjeta de negocios a cada miembro del equipo.

—¿Qué tal si les pidiera que hicieran un agujero en mi tarjeta de presentación lo suficientemente grande para poder meter mi cabeza a través de él? —les dijo.

Ellos le miraron fijamente.

—Un agujero es un espacio rodeado por un papel continuo —prosiguió él—. El papel debe ser de una pieza, sin cortes en él y sin extremos unidos alrededor de mi cabeza.

Tras dejar unos segundos después de hablar para que pensaran, les retó.

—¿Qué están pensando ahora mismo? ¿Qué pasa por su cabeza con respecto a lo que acabo de pedirles hacer? Jude, usted está en producción, ¿qué piensa? ¿Maril? ¿Alexa? ¿Peter?

Peter habló primero.

—Mi primer pensamiento es: «¿Qué tiene que ver esto con algo?».

—No creo que sea posible —dijo Jude con convicción.

—Probablemente se pueda hacer —dijo Maril—, o de lo contrario no nos lo estaría pidiendo, pero en verdad no tengo tiempo que perder intentando resolverlo ahora mismo.

Alexa se lanzó, tomó las tijeras y una tarjeta, y comenzó a hacer círculos concéntricos que caían en espiral. Parecía confiada en su solución hasta que se dio cuenta de que tendría que cortar el papel espiral para desenredarlo, y eso rompería las reglas.

—Odio estos juegos —musitó derrotada—. Nunca los puedo resolver.

Cuando todos respondieron, Peter se agarró las tijeras y una tarjeta. Calladamente, dobló la tarjeta justo por la mitad longitudinalmente. Hizo una serie de cortes finos desde el borde doblado hasta llegar al ancho de un pelo del lado opuesto.

Después le dio la vuelta por completo a la tarjeta para que los bordes abiertos miraran hacia él. Yendo en dirección contraria, hizo más cortes entre los otros cortes, de nuevo deteniéndose al ancho de un pelo del extremo opuesto de la tarjeta.

Finalmente, metió las tijeras en el doblez y cortó con cuidado. El grupo observaba asombrado cuando Peter desdobló la tarjeta. Separó los cortes todo lo que daban de sí, lo cual reveló un frágil anillo de papel.

Con mucho cuidado, metió el anillo por la cabeza de Steve y alrededor de su cuello.*

Todo el equipo irrumpió en aplausos.

—Soy director de arte —explicó Peter—, y un amante del origami, el antiguo arte japonés de doblar papel. He hecho cosas como estas desde que era un niño.

Maril miró a Steve.

—Esto ha sido muy entretenido y todo, pero ¿cuál es el punto?

Steve se sentó, apretó sus manos delante de sí en la mesa, y dijo:

—Pensamiento de elefante.

—De acuerdo, picaré —dijo Peter.

Steve les contó la historia del elefante de Cayla.

—Cuatro de nosotros tuvimos pensamiento de elefante cuando nos retaron a cortar la tarjeta. «No se puede hacer, no tengo tiempo, no se me dan bien estas cosas». Nuestras limitaciones supuestas limitaron nuestra creencia de que el truco se podía hacer. Pero resulta que uno de nosotros sí tenía una respuesta.

—Limitaciones supuestas —dijo Alexa, repitiendo la frase—. ¿Qué es eso?

—Es una creencia que limita nuestra experiencia —respondió Steve—. Ahora me doy cuenta de que me rendí en el proceso creativo porque asumí que Pedro y usted deberían tener todas las respuestas. Me rendí

---

* Para ver las instrucciones sobre cómo hacer este truco, véase el Apéndice.

con Rhonda porque asumí que ella se había rendido conmigo. Y me rendí con el United Bank ¡porque asumí que estaban locos! —Ahí. Había dicho la verdad.

Alexa soltó una risita.

—No estoy segura de que sea una restricción asumida pensar que el cliente está loco. Quizá lo está.

Steve se sintió incómodo cuando el equipo se rio a costa del cliente. Cuando se terminaron las risitas, dijo:

—No estoy seguro de haber sido justo con el United Bank. Me gustaría sugerir que todos les demos el beneficio de la duda. Ellos han sufrido porque yo no he manejado bien la situación. Si les perdemos, toda la agencia sufrirá.

Jude le miró con gesto de preocupación.

—¿De verdad piensa que perderemos el cliente? —preguntó.

—No lo sé. Cuando le cuente a Rhonda cuál fue la reacción que tuvieron a la presentación, mi apuesta es que o bien me perderán a mí o al cliente.

—He escuchado rumores de que, bueno, Grant iba a hacerse cargo del cliente —dijo Maril con vacilación—. ¿Cómo se siente al respecto?

Demasiado impactado como para responder, Steve se quedó sentado durante un tiempo que pareció una eternidad. Él no había oído ningún rumor. Aborrecía la idea de que la gente estuviera hablando de reemplazarle.

—¿Cómo creen que debería sentirme? —musitó finalmente.

—¿Sinceramente? Ha estado tan desanimado y frustrado que pensaba que quizá se sentiría aliviado —dijo Maril.

Steve se sintió totalmente expuesto. Fue transparente, no solo con Cayla, sino también con sus colegas de trabajo. ¿Cómo se sentía? Por lo general, él tendía a pensar, no a sentir. Las palabras de Cayla pasaron por su memoria:

El mayor don es conocer su propia *mente.*

—Puedo ver por qué piensa que estaría aliviado —Steve se escuchó a sí mismo responder—, pero no quiero rendirme. Quiero cumplir con el reto. No estoy seguro de por dónde empezar, salvo pidiéndoles perdón mientras intento impedir que el barco se hunda.

—Steve —dijo Peter—, sabe que no me importan mucho los contadores ejecutivos; la mejor forma de matar una idea creativa es entregársela a uno de ustedes.

Steve se rio, aunque sabía que Peter bromeaba a medias.

—Pero para que funcione el proceso creativo —continuó Peter—, los artistas necesitan guía y dirección. Y eso tiene que venir de usted.

—Peter tiene razón —dijo Alexa—. Y el lugar donde comenzar es con el cliente. Tiene que dirigirles en la dirección correcta, aunque sean difíciles.

—Tiene razón, por supuesto —dijo Steve—. Comenzaré por ahí. Pondré en orden el asunto del presupuesto y les informaré de lo que decidamos.

Los últimos quince minutos de la reunión estuvieron llenos de energía entusiasta mientras el equipo desarrollaba un plan. Al salir de la sala de reunión, cada miembro del equipo le deseó suerte a Steve.

La necesitaré, pensó él. ¿Qué podía decirle al cliente para darle la vuelta a esa situación? ¿Y qué pasaría con lo de dirigir a su equipo? Había retado sus limitaciones supuestas con ellos, pero ¿ahora qué? ¿Sería capaz de darles la dirección que necesitaban?

4

Ciclos de poder

Steve se levantó temprano a la mañana siguiente, a pesar de que era sábado. La presión que sentía no le dejaba dormir. Sabía que necesitaba un escape, aunque solo fuera por unas horas. Al alba, salió al garaje y quitó la cubierta de la majestuosa motocicleta de la que estaba tan orgulloso y feliz. Sacó la flamante Harley a la calle, se puso su casco y alzó su pierna por encima del asiento. Arrancó el motor y se deleitó con el potente sonido. Pasaría el día como un guerrero sobre ruedas.

Metió la marcha y se fue. Mientras rugía por la carretera, se dio cuenta de que había muchas cosas que le gustaban de montar en moto: el aire que acariciaba su rostro era solo una pequeña parte de la experiencia. Mientras meditaba en las alegrías de montar en moto, notaba una sensación de dominio sobre lo que sabía que era en verdad una máquina bastante inepta. A fin de cuentas, una motocicleta no podía ni siquiera sostenerse por sí sola. A Steve le encantaba la sinergia de montar, la mezcla de lo humano y la máquina que daba capacidades y poder a ambos y que ninguno poseía por separado.

La magia del momento se vio interrumpida cuando la moto comenzó a hacer un ruido extraño y a detenerse. Se hizo a un lado para echar un vistazo. Hacía solo unos minutos que se había bajado de la moto cuando oyó que otra moto se detenía. Hay un código no escrito entre moteros, así que Steve sabía que debía ser otra moto que se detenía para ver si podía ayudar de algún modo.

—¿Necesita ayuda? —la voz le resultaba familiar. Alzó su vista del cable que estaba revisando y se quedó con la boca abierta.

—¿Cayla? —dijo él, estupefacto.

Cayla se quedó tan sorprendida como Steve.

—Vaya, ¿no es esto una coincidencia?

—No sé por qué, pero me parece que no —dijo Steve.

—Mire, cuando le conocí en la cafetería pensé que me resultaba conocido, y ahora creó que sé por qué. ¿Es un H.O.G.? —preguntó Cayla.

—Sí, lo soy. Pero no he estado en una reunión de Harley Owner Group desde hace meses —dijo Steve.

—¿Cómo le fue con su grupo ayer?

Steve le respondió encogiéndose de hombros, lo cual no daba mucha información.

—Me lo imagino —continuó Cayla—, pero díga-me si me equivoco: ayer aceptó la responsabilidad, desafió las limitaciones supuestas, y decidió luchar por su trabajo y por el cliente. El problema es que no sabe por dónde empezar. Se siente impotente.

—¡Ya está otra vez leyéndome la mente! —dijo Steve moviendo la cabeza sin saber qué creer—. Pero está en lo cierto. Por eso salí a dar una vuelta con la moto.

Cayla miró a la moto de Steve.

—¿Qué ha ocurrido? —preguntó

—Me dejó aquí tirado —dijo él. Probó la bujía, pero no ocurrió nada—. Sé que tengo gasolina de sobra, así que probablemente es la batería o una bujía que está sucia. —Rebuscó en su bolsa, intentando encontrar un juego de bujías de repuesto.

—Deje que le ayude —dijo Cayla mientras sacaba unas bujías de repuesto de debajo de su asiento.

—¿Está segura de que no son bujías mágicas? —preguntó Steve, medio en broma.

Cayla pareció no escuchar su comentario.

—Es una lástima que este tipo de ayuda no sea más común en el mundo real, ¿no cree?

Steve no estaba seguro de si Cayla estaba hablando del mundo real fuera de los entusiastas moteros, o del mundo real fuera del extraño mundo creado cada vez que se reunía con ella.

—Escuche —continuó Cayla—, hay una tienda de motos cerca. ¿Por qué no me sigue hasta allí, y así puede cambiar las bujías que le he prestado?

—No sabía que había una tienda por aquí —dijo Steve.

—Sí, Hal's Harleys, llevo años yendo ahí.

—¿Hal's? —Steve reconoció el nombre—. Hal's es famosísimo. No sabía que estaba por aquí. Me parece una buena idea.

Arrancaron sus motores y Cayla se puso al frente. Enseguida Steve estaba de nuevo inmerso en el auténtico gozo de montar en moto, preguntándose por qué le gustaba tanto. Estaba tan absorto en sus pensamientos que casi no ve la señal de Cayla para girar a la izquierda. A pocos metros volvieron a torcer a la izquierda para entrar en el concesionario de Harley Davidson. Antes de que Steve pudiera bajar, Cayla ya estaba de pie a su lado, con el casco y las lentes ya en su mano.

—Poder —Cayla dijo la palabra con una voz resonante que evocó su significado.

Steve estaba confundido.

—¿Disculpe?

—Poder —repitió Cayla—. Por eso le gusta montar.

Steve empezó a asustarse.

—¿Cómo sabía que estaba pensando en...?

—Soy muy buena observadora, ¿recuerda? He visto esa mirada antes, yo misma *he* tenido esa mirada antes, cuando te pierdes en la alegría de montar y no estás muy seguro de por qué. Bueno, yo sé por qué. Es el poder, el filo del control, y la independencia que aporta montar.

—No estoy seguro de estar de acuerdo en que se trate de poder y control —respondió Steve—. Montar es divertido, puro y sencillo.

—¿Cuándo empezó a conducir? —preguntó Cayla.

A Steve le gustaba recordar la historia de su aventura amorosa con las motocicletas. Le contó que montaba en moto con su padre, casi sin poder esperar a ser mayor para poder conducir él solo. Cuando tenía trece, le dijo a su padre que le comprara una moto pequeña. A los dieciséis, hizo su primer viaje en moto, desde Denver a Nebraska, con su hermano pequeño.

—Me encantaba el sentimiento de independencia y libertad de todas las reglas y estipulaciones que tenía en la escuela —dijo—, pero no era cuestión de poder.

—Quizá debería reconsiderar la forma en que define poder —sugirió Cayla amablemente.

Las palabras comenzaron a pasar por la mente de Steve: *abuso, corrupción, coerción, control, autoridad, manipulación, dinero, dominio.*

Cayla le estudiaba con atención.

—Interesante —dijo ella—. Imagino que la mayoría de las palabras que vienen a su mente son negativas, porque ha visto un mal uso del poder muchas veces.

Steve abrió su boca para decir algo, pero Cayla le lanzó otra pregunta.

—¿Alguna vez ha conocido a alguien que estuviera en una posición de poder, pero no sentía ningún respeto por esa persona? —preguntó ella.

Una pregunta tonta, pensó Steve, *por supuesto que sí*. Además de un par de ejecutivos en el trabajo, podía añadir bastantes políticos, y también Roger, del United Bank.

Cayla asintió como si estuviera de acuerdo con sus pensamientos no verbalizados.

—Lord Acton escribió: «El poder tiende a corromper, y el poder absoluto corrompe absolutamente». Steve, piense en todos los estereotipos negativos que tenemos sobre el poder hoy; asombra que alguien quisiera llegar a ser poderoso.

—Creo que tiene razón —admitió Steve—, pero no estoy seguro de hacia dónde se dirige con esta conversación.

—Creo que usted intenta evitar el poder, y estoy intentando ayudarle a aceptarlo. De algún modo, ya lo hace.

—¿Yo? ¿Aceptar el poder? ¿Como cuándo?

—Como cuando monta en su moto. Lo que le encanta de conducir es la sensación de poder, el poder de ser uno con la moto; el poder que aporta una sensación de control. Cuando conduce, se siente libre. Compare ese sentimiento con cómo se siente con respecto a su trabajo ahora mismo.

Steve se quejó. Estaba intentando *no* pensar en el trabajo durante un par de horas. Y desde luego, no quería comparar montar en moto con el trabajo.

—¿Se siente poderoso en el trabajo? —desafió Cayla.

Ser un ejecutivo de cuentas con el United Bank debería haberle hecho sentir poderoso y libre para hacer un gran trabajo. Sin embargo, se sentía restringido, rígido por las expectativas que otros tenían de él, cargado por su falta de experiencia con tipos creativos, confundido por un cliente difícil, y amenazado por personas como Rhonda que estaban en posiciones que les permitían decidir su destino. En ese momento, ciertamente no tenía el sentimiento de ser uno con su trabajo.

—De hecho, me siento sin poder alguno —confesó él.

—¿Por qué cree que se siente así? —preguntó Cayla.

—Porque no estoy en una posición para hacer que la gente haga lo que yo quiero que haga —respondió Steve de manera enfática.

—¿No le parece interesante? —Cayla ató su casco a la parte trasera de su moto y dijo:

✳

*«No reconocer nuestro
propio poder podría
ser nuestra mayor
restricción asumida».*

✳

Mientras le guiaba hasta la tienda, Cayla dijo:

—Quiero presentarle a algunas personas que creo que le gustará conocer. Todos ellos han descubierto que hay muchas formas de influenciar a otros y de lograr sus metas. Comenzaremos con Woody, uno de los mejores mánager de repuestos del país. Se conoce la mayoría de los números de los repuestos de memoria. Es asombroso. Observe.

Se acercaron al mostrador de repuestos, y un joven afable dio una cálida bienvenida a Cayla.

—¡Hola, Cayla! ¿En qué le puedo ayudar? ¿Cómo le va la vida? —Le extendió su mano y le mostró una amplia sonrisa.

Cayla le estrechó su mano sentidamente.

—¡Bien! O al menos lo *hará* si le da aquí a mi amigo un juego de bujías estándar. ¿Y le puede decir a alguno de los chicos que revise su sistema eléctrico? La bestia murió a unos kilómetros de aquí, y tuve que rescatarle —Cayla le dio a Steve un golpecito «de broma» en el brazo.

El joven asintió a Steve.

—La moto no está muerta, ¿verdad? Solo está descansando —le devolvió una sonrisa a Cayla, ahuecó sus manos, y gritó—: Joey, sácame un juego de 32310-78A.

Steve tuvo que mirar dos veces. El joven ni siquiera había mirado el número del repuesto.

Cayla sonrió de modo travieso y regresó al mostrador de repuestos.

—Por cierto, Woody, me gustaría presentarle a Steve. Steve, le presento a Woody, un mánager de repuestos extraordinario.

Woody sacó una hoja de pedido.

—Encantado de ayudar con los repuestos, pero primero permítanme la canción y el baile oficial —entonces, Woody se enderezó, se aclaró la garganta, y en un tono de barítono recitó:

> *Estoy tras el mostrador,*
> *en una tienda de motocicletas,*
> *a veces me llaman genio,*
> *y a veces me llaman majareta.*
> *Algunas preguntas son importantes;*
> *Otras no lo son, pero ay, Señor,*
> *Se supone que debo ser un Edison*
> *Combinado con Henry Ford.*
> *Digo que no soy mecánico*
> *Pero cuando el trabajo se desborda,*
> *El mecánico viene y me pregunta*
> *Qué puede hacer porque la ha liado gorda.*
> *Pero la vida sería un placer*
> *Y yo sonreiría como antaño*
> *Si el cliente tan solo me dijera*
> *El modelo, la marca y el año.*

Steve se rio y enseguida le dio a Woody el modelo, la marca y el año requeridos.

Cuando llenó la hoja, Woody llamó al empleado de los repuestos detrás de él, —También voy a necesitar un 32591-80 y un juego de 31986-65Cs. Gracias, Joey.

Steve estaba impresionado. —Vaya capacidad que tiene. ¿Cómo memorizó todos los números de los repuestos?

—Pues hay un método para esa locura. Cuando entiendes los principios que hay detrás del sistema de numeración, no es tan difícil.

Woody señaló a Cayla. —De hecho, ella es quien me ayudó a darme cuenta de que conocer el sistema y los números de los repuestos es un ***punto de poder*** importante. Realmente me ha ayudado a ganar credibilidad en el sector. He tenido un historial laboral estupendo, ¡y ni siquiera tengo un solo tatuaje!

Cayla echó un vistazo de reojo a Woody, y él se rio.

—Bueno, tengo un pequeño tatuaje. ¡No se le escapa ni una!

—¿Qué quiere decir con «punto de poder»? —preguntó Steve.

—Muchas personas piensan que solo hay un tipo de poder, el poder de la posición, y si no lo tienes, eres una marioneta de quienes lo tienen —explicó Woody.

—Eso me suena —dijo Steve mientras le guiñaba un ojo a Cayla—. Ese tipo de pensamiento es muy limitante ¿verdad?

—¡Ya lo creo! La mejor forma de explicarlo es demostrar cómo activamos puntos de poder por aquí

—dijo Woody—. Vengan. —Les hizo señas para que le acompañasen mientras les dirigía hacia el área de servicio.

A Steve le emocionaba el alboroto de actividad: mecánicos bromeando, quejándose, que continuaban; motos llevadas de un sitio para otro y elevadas; motores rugiendo mientras los probaban; los clientes preguntando, preocupados y nerviosos por los diagnósticos.

—Cuando las personas nos traen sus motos —explicó Woody—, no es como si estuvieran llevando sus motos a un departamento de servicio. Es más como si estuvieran llevando a un hijo a la sala de urgencias. Nuestros manitas, mecánicos, como la gente les llama, obviamente tienen *poder de conocimiento* Son expertos arreglando Harleys, pero también tienen *poder personal*: su capacidad de tranquilizar a las personas para que se sientan cómodas con el trabajo que hay que hacer y el costo que conlleva. Cayla ayudó a todos a entender que su poder personal mejora su poder de conocimiento. Esa combinación nos ha hecho tener mucho éxito.

Con ese comentario, uno de los sudorosos y manchados mecánicos gritó desde su banco de trabajo:

—Antes de que Cayla trabajara con nosotros, nadie pensaba que los mecánicos tuvieran mucha personalidad, ¡y mucho menos poder personal! Pero mírennos —dijo el mecánico con una sonrisa—, somos bastante encantadores.

Todos se rieron. Steve admiraba su camaradería natural.

—Vamos —dijo Cayla—. Vayamos a conocer a Jim, el jefe de ventas. Él tiene algunas ideas interesantes sobre el *poder de relación*.

Encontraron a Jim en la sala de exposición. En cuanto Jim los vio, se acercó y le dio un abrazo a Cayla.

—Nos está supervisando, ¿verdad? ¡Déjeme enseñarle algo! —Jim sacó un trozo de papel arrugado del bolsillo de su camisa y señaló orgulloso una lista de números—. Mire estos resultados de nuestro último informe de servicio y ventas al cliente.

Cayla tomó el informe de Jim y lo sostuvo para que Steve pudiera leerlo con ella.

—Es una mejora increíble con respecto a la última vez —observó Cayla—. ¿Qué cambió?

—Llevo en ventas toda mi vida, así que sabía que las relaciones eran un aspecto vital. Pero de algún modo me vi atrapado en la información del producto; es decir, es fácil hacerlo cuando te encanta el producto que estás vendiendo. Finalmente me di cuenta de que soy bueno en ventas gracias a mi poder personal, mis habilidades con la gente. La gente es mi pasión y he construido una red increíble. Cuando comencé a enfocarme en esas relaciones, mis ventas y la satisfacción del cliente aumentaron. Claro, vendemos y damos servicio a motos Harley-Davidson, pero realmente nos dedicamos a la gente.

—¿A qué se refiere exactamente con lo de «enfocarse en las relaciones»? —preguntó Steve.

—Empecé a ver que tenía poder relacional a través de mis maravillosos contactos, clientes que ya estaban contentos conmigo y con el concesionario. Comencé a cultivar esas relaciones y a pedir posibles nuevos clientes. Una relación llevó a otra. Ahora mi problema es que tengo todas esas grandes relaciones y personas que quieren comprar, ¡y no me quedan motocicletas! ¡Hemos vendido ya las motos que tenemos asignadas para todo el año!

—¡Ese es un buen problema! —dijo Steve—. Permítame preguntar más sobre el poder relacional. Veo cómo funciona en las ventas, pero ¿cómo funciona en otras partes de la tienda?

Jim señaló discretamente a una joven que trabajaba en la sección de mercadería de la exposición.

—¿Ve a esa joven junto a las chaquetas de cuero? Es Lisa, nuestra encargada de compras de la vestimenta y los accesorios. Ella es la hija del propietario del concesionario. Eso es poder relacional.

Steve frunció el ceño. —No creo que la mayoría de la gente vea el nepotismo como un uso positivo del poder.

—Ah —dijo Jim concienzudamente—. Es ahí donde la mayoría estamos equivocados. No reconocemos nuestro poder porque tememos lo que puedan pensar otros, pero tener poder significa que tenemos la opción de usarlo, o no. Sin lugar a dudas, no significa que tengamos que abusar de ello.

—Cuando comenzamos al principio a hablar sobre el asunto del poder aquí en la tienda, Cayla nos pidió a todos que escribiéramos cuáles eran los puntos de poder que nosotros pensábamos que teníamos. Lisa no tenía a «Papá» en su lista. Todos le dijimos que debería tenerlo. Ella protestó. Dijo que quería tener éxito por sus propios méritos, no por ser la hija del propietario. Era muy sensible a ese asunto.

—¿Sabe lo que yo le dije? «¡Tonterías! Si mi padre fuera el propietario de la tienda, le sacaría provecho a eso. Puedes hablar con él y obtener información que el resto no podemos. Si usas tu poder relacional para hacer un mejor trabajo y ayudar a la tienda, entonces estás usando tu poder de una forma positiva y todos estaremos agradecidos, no celosos ni resentidos».

—Lisa consiguió el trabajo porque es el negocio de su padre —añadió Cayla—, pero lo mantiene por su conocimiento y poder personal.

Steve asintió. Era algo en lo que tendría que pensar.

—No tiene que estar de acuerdo con todo, Steve, tan solo tenerlo en cuenta —dijo Cayla.

Woody asió el brazo de Steve y le guio por el pasillo.

—Hablando de clientes, permítame presentarle a Dee Dee, nuestra contadora.

Acercándose al mostrador de la contadora, Steve dijo: —Encantado de conocerla, Dee Dee. ¿De qué forma es usted poderosa?

Dee Dee o bien no notó o decidió ignorar la pizca de ironía en la voz de Steve. —Yo tengo **poder de tarea** —dijo ella con confianza—. Solía creer que yo era la persona en el lugar más abajo en el tótem de esta empresa. Quiero decir, mi trabajo es el único que no trata directamente con motocicletas. Pero estaba equivocada pensando así.

Jim intervino. —Dee Dee realmente dirige este colectivo. Es la que emite los pagos, descuenta los impuestos, paga los gastos, factura a nuestros clientes y maneja las cuentas bancarias. ¡Es difícil creer que no se considere alguien que tiene poder!

—Solía pensar que el poder solo lo tienen las personas como nuestro propietario, personas que tienen **poder de posición** —dijo Dee Dee.

—Yo también —dijo Steve—, pero ahora entiendo que hay muchas formas de poder.

—Reconocer el poder que tienes te da un sentimiento de control sobre tu trabajo y tus decisiones —dijo Dee Dee—. Ahora aprecio mucho más mi trabajo, aunque no tenga poder de posición.

—¿Quiere decir que no es necesario tener poder de posición? —preguntó Steve.

—¡Espero que no!

Con el sonido de su voz, todos se giraron. Detrás de ellos llegó un hombre fornido con una coleta canosa en su espalda. El hombre extendió su mano para saludar a Steve.

—Encantado de conocerle. Soy Hal, el propietario de esta tienda, y estoy aquí para decirle que el poder de posición es algo bueno. Pero he aprendido una gran lección: la mejor situación de liderazgo es cuando tienes poder de posición, ¡pero nunca tienes que usarlo! Al igual que el dinero en el banco, aunque nunca lo necesites, es bueno saber que está ahí. Además, es mejor tener gente trabajando contigo, y no para ti.

Hal señaló una placa en el mostrador.

—Este es nuestro credo de liderazgo —dijo él.

> ### *SOLO HAY PODER*
> ### *EN EL EMPODERAMIENTO*
> ### *SI ERES UN AUTOLÍDER*

—Este credo tiene que funcionar —dijo Steve—. Hal's Harley es una leyenda y ahora sé por qué; se debe a que todos aquí son autolíderes.

—No me cabe la menor duda —dijo Cayla—, y una de las formas en que se han convertido en autolíderes eficaces ha sido entendiendo los cinco tipos de poder. —Con eso, ella señaló un póster que había en la pared:

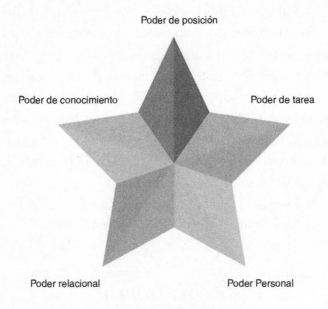

Poder de posición

Poder de conocimiento

Poder de tarea

Poder relacional

Poder Personal

PUNTOS DE PODER

—Como puede ver —continuó Cayla—, el primer punto de poder es el ***poder de conocimiento***, como tiene Woody; el segundo es el ***poder personal*** como tienen los de servicio de reparación; el tercero es el ***poder relacional*** que tienen Jim y Lisa; cuarto, está el ***poder de tarea***, que lo tiene Dee Dee; y quinto es el ***poder de posición*** que tiene Hal.

Steve frunció el ceño. —Creo que ahora lo entiendo —dijo—. Tienes que saber cuál es la naturaleza de tus fortalezas, tu poder, antes de poder guiarte a ti mismo.

—¡Correcto! —dijo Cayla—. ¿Cómo puedes liderarte a ti mismo si no sabes que *tienes* fuentes de poder?

Todos tienen fuentes de poder en sus vidas y en el trabajo. —Cayla hizo una pausa por un momento para dejar
que captase esa idea—. Cada punto de poder puede
contribuir a nuestro éxito, o convertirse en un eslabón
débil. Cuando le encontré en el arcén de la carretera,
era una sencilla chispa lo que había desconectado toda
la poderosa y compleja maquinaria de la moto. El mensaje es este: identifique y reconozca sus puntos de poder
y cultívelos. Pero es importante recordar lo que escribió
el filósofo Baltazar Gracián: «La única ventaja del poder
es que puedes hacer más bien».

—Esta es la primera vez que he escuchado hablar
del poder como una herramienta para hacer el bien
—confesó Steve.

Cayla asintió a sabiendas.

—¿Cómo puedes hacer más bien para ti mismo, tu
familia, tu equipo, tu organización o tu comunidad si
no tienes poder?

—Entiendo lo que dice —dijo Steve.

Mientras se dirigían hacia la salida, Steve se dio
cuenta de que había estado en muchos concesionarios
de motos, pero nunca había disfrutado tanto de ninguno como lo había hecho ese día. No fueron solo las
motos, el ruido, la actividad y los olores lo que le había
encantado. Se dio cuenta de que era la gente lo que
realmente le gustaba. Eran personas entusiastas que
amaban lo que hacían cada día. Eran personas que
tenían un sentimiento de conocer sus particulares puntos de poder.

Al pasar por el mostrador de repuestos, Steve le dijo adiós a Woody.

—¡No se olvide de sus repuestos! —dijo Woody, señalando la bolsa de papel marrón que había en el mostrador.

—Es verdad, gracias. Y hablando de gracias, ¿dónde ha ido Cayla? —preguntó Steve mientras miraba por la exposición.

Woody echó un vistazo a su alrededor y se encogió de hombros.

—No lo sé —dijo mientas introducía el recibo en la bolsa de Steve—. Oiga, ¡ha sido un placer conocerle! ¡Conduzca con cuidado!

Afuera de la tienda, ya no estaba la moto de Cayla. Steve metió la mano en la bolsa para sacar los repuestos y sacó lo que pensaba que era el recibo. Pero en vez del recibo, había un papel con un mensaje:

El segundo truco de autoliderazgo:

¡ACTIVAR SUS

PUNTOS DE PODER!

Steve sacudió la cabeza asombrado. ¿Acaso los trucos de Cayla no tenían fin?

Arrancó su gran V-twin y metió la primera velocidad. Mientras se alejaba haciendo rugir su moto, podía oír la voz de Cayla en su mente:

Quizá tu mayor restricción asumida es no darte cuenta de tu propio poder.

Pensaría después en ello, cuando supiera qué hacer con su trabajo. Por el momento no quería pensar, tan solo quería montar en moto, no, *necesitaba* montar en moto. Le hacía sentirse poderoso.

5

Diagnostíquese

En una brillante mañana de lunes muy temprano, Steve se dirigía al Cayla's Café, decidido a conservar su trabajo y mantener su cliente. Si Cayla no podía ayudarle, quizá la cafeína lo haría. Había pasado el domingo repasando sus archivos, notas y propuestas, buscando el fallo que hizo que su cliente rechazara el plan. En el proceso, se dio cuenta de que el único punto de poder que tenía con el United Bank era el poder de la tarea. Para recuperar la confianza del cliente, necesitaría poder de conocimiento, y para eso necesitaba ayuda.

Steve entró en la cafetería, buscando a Cayla con su mirada. Se dirigió al mostrador, y cuando estaba a punto de preguntar al dependiente si estaba por ahí Cayla, Steve escuchó el silbido. Se dio la vuelta y, efectivamente, estaba sentada en su mesa de siempre, como si le estuviera esperando. Steve sonrió y fue a reunirse con ella.

—¿Dónde desapareció el sábado? —preguntó Steve—. Aún tenía preguntas.

—Pensé que sería mejor que estuviera solo para procesar todo lo que aprendió en Hal's —explicó Cayla—. ¿Qué piensa ahora?

—He analizado todo con detalle. Solo que no consigo saber qué sucede con el presupuesto y la estrategia que propuse —dijo Steve con un suspiro.

—¿Ha trabajado alguna vez con un cliente para desarrollar una campaña publicitaria exhaustiva? —preguntó Cayla.

—No, pero he realizado decenas de presupuestos a lo largo de los años, y la estrategia depende del presupuesto.

Cayla sacó dos gomas elásticas y las entrelazó.

—Voy a usar un truco de magia como una metáfora para su situación. ¿Quiere cooperar con este truco?

Steve se encogió de hombros.

—Claro. ¿Es este ese truco tan bueno que mostró a los niños el día que nos conocimos?

Cayla asintió.

—Un antiguo indio místico me enseñó el arte de la mente sobre la materia —comenzó. Cayla la mentora se transformó delante de los ojos de Steve en Cayla la maga. Al separar las gomas entrelazadas, parecía que estaba moviendo la materia a través de la materia.

Al haber visto el truco anteriormente, Steve intentó detectar la ilusión. Pero la actuación de Cayla fue perfecta. Él se vio igual de asombrado que los niños, no porque fuera magia, sino porque apreciaba la habilidad de Cayla.

—¡Asombroso! —dijo él.

—Gracias —dijo Cayla—. Su meta, Steve, es asombrar a alguien con este truco de magia a estas alturas de la semana que viene.

Steve se rio. No le importaría compartir el truco con su amiga Blair. Aún no le había dicho lo que estaba ocurriendo en el trabajo. Él sabía que Blair se imaginaba que algo no iba bien, pero con el paso de los años había aprendido a darle su espacio hasta que él estuviera listo para hablar. Sería divertido ponerle al tanto de las cosas.

—De acuerdo, ¿por dónde empiezo?

—Haciéndose dos preguntas sobre la meta de hacer el truco de magia: primero, ¿cuál es su nivel de competencia? Segundo, ¿cuál es su nivel de compromiso? Comencemos con la primera pregunta: su competencia.

—¡Definitivamente soy competente! —dijo Steve con confianza—. Observé cuidadosamente y vi exactamente lo que hizo, así que estoy bastante seguro de poder hacerlo.

—De acuerdo, veamos lo competente que es. —Cayla le entregó las gomas elásticas.

Steve tomó las dos gomas y las entrelazó como recordaba que Cayla lo había hecho. Dobló y estiró las gomas, intentando separarlas. Las gomas se le escaparon de los dedos y volaron por toda la tienda. Avergonzado, se levantó para recuperarlas, pero Cayla le sujetó del brazo y le detuvo.

—Pensé que esto podía ocurrir —dijo ella mientras sacaba una gran bolsa de gomas elásticas de su estuche.

—¿Qué fue lo que hice mal? —preguntó Steve.

—Actuó como si tuviera competencia cuando, realmente, no la tenía —respondió Cayla.

—Eso es duro —le acusó Steve.

—No, es sencillamente la verdad, y no tiene de qué avergonzarse. Competencia significa que usted tiene el conocimiento y la habilidad para conseguir la meta o hacer la habilidad en cuestión. Si nunca antes ha hecho el truco, entonces no existe la posibilidad de que tenga conocimiento o habilidad. Usted está en la etapa de aprendizaje. ¿Qué hay de malo en eso? No puede esperar ser competente en un truco que no ha hecho nunca y que no tiene ni idea de cómo hacerlo.

—Imagino que tiene razón. De acuerdo, enséñeme cómo.

Cayla tomó dos gomas elásticas y las colocó estratégicamente en el dedo pulgar e índice de cada mano. Hizo el truco lentamente y de modo deliberado.

Steve sacudió la cabeza con admiración.

—Creo que lo tengo ahora, pero supongo que tendré que practicar antes de ser realmente competente. Por cierto, dijo que debía hacerme dos preguntas sobre la meta. La primera pregunta era sobre mi nivel de competencia, pero se me ha olvidado la segunda. ¿Cuál era de nuevo?

—La segunda pregunta es: ¿cuál es su nivel de compromiso? El compromiso se mide por su motivación y confianza con respecto a la meta —explicó Cayla.

—Cuando comenzamos, yo estaba motivado y confiado. ¡Ahora no estoy tan seguro! Pensaba que el truco sería más fácil de lo que realmente resultó ser.

—¡Eso es exactamente lo que ocurre cuando avanzamos por el Continuo del Desarrollo! —dijo Cayla con entusiasmo.

—¿El qué? ¿Me está llevando hacia una mágica continuidad espacio-tiempo? —bromeó Steve.

—El Continuo del Desarrollo es simplemente un modelo de cuatro etapas que normalmente experimentan las personas cuando están aprendiendo a dominar algo. —Cayla buscó en su estuche mágico y sacó una tarjeta plastificada, la cual entregó a Steve.

Niveles de desarrollo

—En términos del truco de las gomas elásticas, mire estas cuatro etapas y dígame en cuál cree que comenzó y en cuál está ahora.

Los ojos de Cayla brillaban, como si estuviera a punto de revelar un gran secreto. Steve estudió la gráfica y señaló el cuadrado de la derecha.

—Imagino que comencé aquí, en D1, con baja competencia pero alto compromiso. Ahora siento que estoy en D2, baja competencia y bajo compromiso.

—Eso es normal —dijo ella—. Cuando empezamos a aprender algo o nos ponemos una meta, tenemos ese ingenuo entusiasmo que opaca nuestra falta de competencia. Cuando nos ponemos a conseguir la meta y nos damos cuenta de que no tenemos la competencia, nuestras expectativas se hacen añicos.

—Un impacto de realidad —dijo Steve, asintiendo con la cabeza.

—¡Exactamente! —Cayla parecía complacida con el entendimiento de Steve—. D2, que es la abreviatura de Nivel de desarrollo 2, es una etapa natural del aprendizaje. Es donde nos damos cuenta de que hay una discrepancia entre las expectativas que teníamos al principio, en el Nivel de desarrollo 1 o D1, y la realidad de la situación actual.

—Entonces, ¿todos pasamos por este impacto de realidad cada vez que aprendemos a hacer algo? —preguntó Steve.

—El Continuo del Desarrollo capta lo que la gente experimenta normalmente, para que podamos estar mejor preparados para manejar lo que probablemente sucederá. Nos ayuda a reconocer cómo cambian nuestra competencia y nuestro compromiso a medida que aprendemos algo nuevo o perseguimos una meta. Hay estudios significativos que validan estas etapas del desarrollo, pero si sencillamente piensa en las metas que ha logrado, y las que no, se dará cuenta de que su propia experiencia es prueba más que suficiente —dijo Cayla.

Steve tomó otras dos gomas elásticas mientras meditaba en las palabras de Cayla. Entrelazó las gomas, asegurándose de que estuvieran en sus dedos y pulgares como había visto hacer a Cayla. Las estiró y retorció de prueba, y después intentó hacer el giro de manos que las separaría como por arte de magia. De nuevo, una de las gomas salió volando, casi impactando a Cayla en la frente.

Steve se habría reído si no se hubiera mortificado tanto por el hecho de que casi le salta un ojo a Cayla.

—De acuerdo. Deténgase, ahí mismo. —Cayla levantó ambas manos—. ¿Cómo se siente con el truco ahora?

—Frustrado, desanimado, decepcionado —dijo Steve.

—Por eso el segundo nivel de desarrollo, D2, se llama la etapa del aprendiz desilusionado.

—¿Cómo se llaman las otras dos etapas? —preguntó Steve.

—El primer nivel de desarrollo, D1, se llama la etapa del ***principiante entusiasta***. Es donde usted empezó. Si pasa el segundo nivel, el D2 o la etapa del ***aprendiz desilusionado***, donde está ahora, entonces llegará al D3, que se conoce como la etapa del ***colaborador capaz pero cauteloso***. Finalmente, cuando domine la habilidad, llegará al D4 o la etapa del ***colaborador autónimo***.

—Disculpe, Cayla, pero dijo que *si* paso la segunda etapa del aprendiz desilusionado, entonces llego a la tercera etapa del colaborador capaz pero cauteloso. ¿Qué sucede si no logro pasar?

—Dígamelo usted —dijo Cayla.

Steve pensó durante un momento. —Es ahí donde me rindo y abandono, ¿correcto?

—Correcto —confirmó Cayla—. Así pues, ese es su dilema en el truco de magia ahora mismo, ¿no es así? Se da cuenta de que necesitará práctica para dominarlo, y no está seguro de si vale la pena. ¿Tengo razón?

—Como de costumbre.

—Así que abandona.

—Podría hacerlo. —Steve parecía un niño pequeño desafiando a su madre.

—Siempre será decisión de usted abandonar o continuar —le recordó Cayla—. Pero a veces abandonar sin una decisión consciente hace parecer que es un fracaso.

—¿Está sugiriendo que si decido abandonar, no tiene por qué ser un fracaso?

—Cuando está en la etapa de aprendiz desilusionado de su meta y le falta competencia y compromiso, no es un fracaso si decide *concienzudamente* que no vale la pena el tiempo y el esfuerzo necesarios para continuar —dijo ella—. Es usted un autolíder aceptando la responsabilidad proactivamente.

— ¿Qué ocurre si no quiero abandonar? —preguntó Steve.

—Responderé a esa pregunta la próxima vez. Este es el fin de su lección de hoy —dijo ella con finalidad.

Steve no pudo ocultar su decepción.

— ¿Mi lección? ¿Cuál es mi lección? He aprendido que estoy en la segunda etapa del aprendiz desilusionado en el truco de magia y estoy casi listo para abandonar mi trabajo, ¿y esa es mi lección?

—Su lección es pensar en lo que le costará pasar al siguiente nivel de desarrollo —anunció Cayla mientras se dirigía hacia su oficina.

Steve le siguió, con un sentimiento de *déjàvu* en la ahora ya familiar escena de Cayla metiéndose entre los archivos y cajones para encontrar lo que quería.

—Aquí está. —Ella le entregó a Steve una hoja arrugada.

Cuando estoy en D1, el nivel de desarrollo del **principiante entusiasta**, con baja competencia y alto compromiso, necesito:

_____

_____

_____

Cuando estoy en D2, el nivel de desarrollo del **aprendiz desilusionado**, con baja a alguna competencia y un bajo compromiso, necesito:

_____

_____

_____

Cuando estoy en el D3, el nivel de desarrollo de **capaz pero cauteloso**, con una competencia de alta a moderada y un compromiso variable, necesito:

_____

_____

_____

Cuando estoy en D4, el nivel de desarrollo de **colaborador autónimo**, con alta competencia y alto compromiso, necesito:

_____

_____

_____

—Su tarea para casa es escribir lo que necesitaría para que su progreso pase de principiante entusiasta a triunfador autosuficiente en este truco de las gomas elásticas —dijo Cayla—. Recuerde: quiero que sorprenda a su familia y amigos con esto a estas alturas de la semana que viene.

—¿Qué quiere decir con lo que necesitaría?

Cayla se quedó paralizada.

—Excelente pregunta. —Se golpeó la frente con su mano abierta—. ¡No me puedo creer que me haya olvidado! —Le quitó la hoja de su mano y le dio la vuelta para revelar dos columnas que había en el dorso.

Steve estaba perplejo. Podría haber jurado que el dorso de la hoja estaba en blanco cuando se la entregó.

Señalando a las dos columnas, ella dijo:

—Estos son ejemplos de lo que necesita para aumentar su competencia y aumentar el compromiso si quiere pasar del principiante entusiasta al triunfador autosuficiente en cualquier meta.

Steve le dio la vuelta a la hoja antes de enfocarse en la parte de atrás, preguntándose aún cómo no se había dado cuenta de esas dos columnas.

COMPETENCIA

Para aumentar su competencia para conseguir una meta, necesita:

DIRECCIÓN

de alguien que:

1. Establezca una meta clara
2. Genere un plan de acción
3. Le enseñe cómo hacer la meta o habilidad
4. Clarifique los papeles
5. Ponga un cronograma
6. Establezca prioridades
7. Monitoree y evalúe su trabajo y le dé retroalimentación

COMPROMISO

Para aumentar su compromiso para conseguir una meta, necesita:

APOYO

de alguien que:

1. Le escuche
2. Reconozca y aprecie sus esfuerzos
3. Le facilite la resolución del problema
4. Se interese por su opinión
5. Le dé razones (recordándole por qué lo está haciendo)
6. Comparta información sobre sus experiencias relativas a la meta
7. Comparta información sobre a organización relativa a la meta

—Espero que esto le ayude a aclarar lo que quiero decir —dijo Cayla—. Cuando su competencia es baja, necesita dirección; cuando su compromiso es bajo, necesita apoyo.

—¿Cuál es la diferencia entre dirección y apoyo?

—Buena pregunta —dijo Cayla—. La conducta directiva es práctica. Conlleva decidir, enseñar, observar y dar retroalimentación frecuente. La conducta de apoyo tiene que ver más con escuchar, involucrar, facilitar y animar. Si puede aprender a diagnosticar su propio nivel de desarrollo en una tarea dada, sabrá lo que necesita pedir para tener éxito.

—Perfecto, pero una vez que sé lo que pedir, ¿a quién se lo pido?

—Eso depende —dijo Cayla—. Si se trata del truco de magia, obviamente me puede preguntar a mí, a otros magos o incluso buscar en la Internet. ¿Qué ocurre si se trata de su campaña de publicidad con el United Bank? ¿A quién le pide ayuda para eso?

—Excelente pregunta —dijo Steve. Sintió como si le hubieran llevado de un golpe de nuevo a la realidad. Había estado tan absorto en el truco de magia y aprendiendo acerca del Continuo del Desarrollo, que se había olvidado de que el verdadero punto de todo eso era conservar su trabajo.

—Piense en su meta para el cliente del United Bank —dijo Cayla—. Piense en las habilidades requeridas para ser un contador ejecutivo y organizar su campaña de publicidad. Después diagnostique cuál es su nivel de desarrollo en cada habilidad. Recuerde:

✵

Cuando su
competencia
es baja, necesita
dirección*; cuando*
su compromiso es
bajo, necesita **apoyo***.*

✵

—¡Creo que lo he entendido! —Steve le chocó la mano a Cayla y recogió sus papeles. Estaba deseoso de terminar su tarea y ver cómo su nuevo conocimiento se podía aplicar a su trabajo.

6

Conseguir lo que necesita

No fue hasta bien entrado el siguiente día cuando Steve finalmente tuvo tiempo de enfocarse en la tarea que Cayla le había dejado. Escribió las respuestas a las preguntas, usando las listas de Competencia y Compromiso como guía.

- *Cuando estoy en **D1**, el nivel de desarrollo del **principiante entusiasta** con baja competencia y alto compromiso, necesito:*
  Mucha dirección y poco apoyo

- *Cuando estoy en **D2**, el nivel de desarrollo del **aprendiz desilusionado** con baja a alguna competencia y un bajo compromiso, necesito:*
  Mucha dirección y mucho apoyo

- *Cuando estoy en* **D3**, *el nivel de desarrollo del* **capaz pero cauteloso** *con una competencia de moderada a alta y un compromiso variable, necesito:*
  Poca dirección y mucho apoyo

- Cuando estoy en **D4**, el nivel de desarrollo del **colaborador autónimo** con alta competencia y alto compromiso, necesito:
  Poca dirección y poco apoyo

Steve confirmó que estaba en la etapa del aprendiz desilusionado con el truco de magia de las gomas elásticas, ya que sabía más que cuando empezó, pero aún no podía hacer el truco y no estaba seguro de poder hacerlo algún día.

Ahora Steve estaba listo para aplicar los niveles de desarrollo a su propio trabajo. Comenzó enumerando aquello de lo que había sido responsable cuando era el ayudante de Rhonda: presupuestos de producción, presupuestos de multimedia, y programas de producción. Diagnosticó que su nivel de desarrollo era el mismo en todas esas áreas, y que sus necesidades también eran las mismas en cada área:

Meta: preparar y entregar presupuestos de producción, presupuestos para los medios y programas de producción para los clientes de Rhonda dentro de los plazos establecidos.

Mi nivel de desarrollo: D4; triunfador
autosuficiente
Necesitaba: poca dirección y poco apoyo

En el pasado solía hablar de los clientes con Rhonda
y proponer presupuestos para producción o multimedia. También había considerado las ideas de ella y había
creado programas de producción. «Sencillo, estaba en
D4 en todo lo de arriba», dijo en voz alta. Pero eso era
antes. Ahora ni siquiera tenía confianza en hacer las
cosas que antes solía dar por hechas. Hizo una nota:
Solía estar en D4, ¡pero creo que he retrocedido!

Dirigió su atención a lo que estaba ocurriendo
ahora y se preguntó: *¿De qué metas y tareas soy responsable como contador ejecutivo para el cliente United Bank?* Fue entonces cuando tuvo su momento de
revelación. Su papel con el United Bank ahora era muy
distinto al papel que solía desempeñar cuando trabajaba con Rhonda; sin embargo, él había pensado que
eran iguales. Había una gran diferencia entre preparar
un presupuesto basado en la idea de Rhonda y tener
que desarrollarlo desde cero. No tenía ni idea de por
dónde empezar, mucho menos de cómo vendérselo al
United Bank. Considerando las actuales circunstancias, reconoció su nueva meta:

Meta: conseguir que el United Bank acepte el
presupuesto de producción, el presupuesto de
multimedia y el programa de producción

Mi nivel de desarrollo: D2, aprendiz
desilusionado
Necesito: mucha dirección y mucho apoyo

Mientras continuaba, Steve comenzó a ver un patrón:

Meta: dar a mi equipo creativo declaraciones
de posición y contenido
Mi nivel de desarrollo: D2, aprendiz
desilusionado
Necesito: mucha dirección y mucho apoyo

Meta: dar a la encargada de compras de
multimedia datos demográficos, presupuesto y
estrategia de compra
Mi nivel de desarrollo: D2, aprendiz
desilusionado
Necesito: mucha dirección y mucho apoyo

Steve movió su cabeza angustiado; no era extraño
que estuviera a punto de perder el cliente. Necesitaba
mucha dirección y mucho apoyo y no había conseguido
ni una cosa ni la otra. Se preguntaba si este era el tercer truco del autoliderazgo.

De repente sonó el teléfono, y le llevó en un instante al presente. Era Marsha de contaduría, recordándole que necesitaban sus impresos de gastos antes de que
acabara el día.

—Sin problemas —dijo Steve, aunque sí los había.
Steve sacó su archivo de gastos. Esta es un área en
la que sabía que estaba en D3, la etapa del colaborador
capaz pero cauteloso. Tenía mucha competencia para
terminar los impresos de gastos, pero su compromiso
era variable. Tenía confianza en poder terminar los
impresos; pero le faltaba motivación para hacerlo.

Necesito: *poca dirección y mucho apoyo*

Volvió a mirar la lista de Cayla para ver cuál de las
conductas de apoyo podría impedir que postergara el
trabajo. ¿Había alguien o alguna forma de impedir que
entregara los impresos en el último minuto? ¿Qué podría
hacer para vencer su creencia de que eso era tan solo un
trabajo burocrático? De nuevo, preguntas para Cayla.

Steve finalmente terminó el papeleo y se lo llevó a
contaduría, esperando que nadie se diera cuenta de que
era tarde. Eran más de las 5:00 de la tarde, pero aún le
quedaba algo que hacer: limpiar su correo de voz.

«Tiene un mensaje nuevo», anunciaba la familiar
grabación. Steve presionó el «3» para escuchar.

«*Steve, soy Rhonda. Tenemos que hablar. Acabo
de recibir un mensaje de Roger del United Bank y no
está contento. Entiendo que la presentación no fue
muy bien. Hubiera sido un detalle escucharlo de usted
en vez del cliente. El asunto parece serio. Nos vemos
en Irma's Eatery para comer juntos a las dos el próxi-
mo lunes. Le dije a Roger que me encargaría de ello,*

*pero tiene que ponerme al día. Lléveme una copia de
la propuesta original. Nos vemos el lunes».*

Steve colgó y se sentó. Esperaba haber tenido más
tiempo para hacer juntos un plan exhaustivo. Ahora
tenía solo cuatro días laborables. Al menos había hecho
algunos avances. Había aceptado la responsabilidad de
lo que ocurrió en el United Bank. Había descubierto
sus limitaciones supuestas que le decían que la culpa
era del cliente y del equipo creativo. Había reconocido
su poder de tarea y su necesidad de más poder de conocimiento. Se había diagnosticado en el D2, la etapa de
aprendiz desilusionado, con una competencia de baja a
alguna y bajo compromiso en los principales aspectos
del proyecto. Sabía que necesitaba mucha dirección y
mucho apoyo. Finalmente, sabía que había áreas del
proyecto donde solía estar en D4, la etapa de triunfador autosuficiente, pero ahora se había dado cuenta de
que no estaba seguro con respecto a su compromiso.

Lo que no había hecho era saber qué decirle a
Rhonda y cómo salvar el cliente. Ahora solo tenía hasta
el lunes a mediodía para decidir si entregaría su dimisión o si lucharía por conservar su empleo. Pensaba
que ya no iba a culpar a Rhonda, pero sentía de nuevo
la ira surgir en su interior. Ella tenía su destino en sus
manos y él no sabía si podía confiar en ella o no.

El viernes, Steve se dirigió de nuevo al Cayla's Café,
con la tarea en la mano. La encontró sentada en su mesa
leyendo un libro. Apenas sin levantar la vista, le preguntó:

—¿Cómo le ha ido la tarea?

—Esperaba que la maestra revisara mi trabajo. —Steve usó un tono tierno pensando que eso cubriría la tensión que sentía.

—¿Qué sucede? —preguntó Cayla.

Demasiado para esconder mis emociones delante de Cayla, pensó Steve.

—Mi jefa, Rhonda, me dejó un mensaje. Roger del United Bank le llamó y no parecía muy contento. Se quiere reunir conmigo el lunes para «discutir el asunto». —Steve dibujó comillas en el aire para enfatizar las tres últimas palabras.

—Parece que tendremos que acelerar su ciclo de aprendizaje —dijo Cayla mientras recogía la mesa—. ¿Tiene la tarjeta que le di del Continuo del Desarrollo?

Steve encontró la tarjeta doblada en su cartera y se la entregó a Cayla.

Cayla la partió por la mitad.

—¿Qué está haciendo? —dijo Steve, intentando bajar su volumen de voz.

Cayla juntó las dos mitades y las rompió por la mitad.

—Ah, ¿un truco? —dijo Steve.

Cayla tomó las cuatro partes y las puso en la palma de su mano izquierda. Puso la palma de su mano derecha encima, dejando los trozos de papel entre sus dos manos. Después alzó sus manos en posición de oración y frotó sus palmas hacia delante y hacia atrás como si estuvieran queriendo juntar los pedazos.

—Si se unen los pedazos me voy a morir del susto —dijo Steve, más para sí mismo que para Cayla.

Modelo de liderazgo situacional II

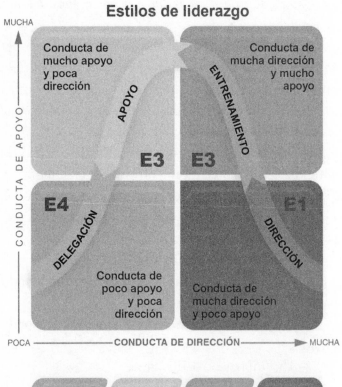

Estilos de liderazgo

Niveles de desarrollo

Y efectivamente, cuando Cayla abrió sus manos, cayó un solo pedazo de papel sobre la mesa. Los ojos de ella miraron a los de Steve y después volvieron a mirar el trozo de papel, pidiéndole que lo agarrara. Steve tentativamente tomó el papel, lo desdobló y se quedó impresionado con la nueva imagen.

—¿Qué significan los distintos colores? —preguntó Steve.

—Es un código de colores. Para cada nivel de desarrollo hay un estilo de liderazgo que se corresponde para darle la cantidad de dirección y/o apoyo que necesita. En la D1, la etapa del principiante entusiasta, necesita un estilo de liderazgo E1: *dirección*. En la D2, la etapa del aprendiz desilusionado, necesita un estilo de liderazgo E2: *entrenamiento*. En la D3, la etapa del colaborador capaz pero cauteloso, necesita un estilo de liderazgo E3: *apoyo*. En la D4, la etapa del triunfador autosuficiente, necesita un estilo de liderazgo E4: *delegación*. Saque su tarea y comparemos sus respuestas con el modelo.

—Creo que necesito marcadores de colores para esto —dijo Steve, dándose una palmadita verbal en la espalda—. El Modelo LSII hará que sea más fácil recordarlo, pero creo que hice un buen trabajo averiguándolo de las listas de conductas de dirección y apoyo que me dio para usar como referencia.

—Definitivamente, recibe una Matrícula de Honor —dijo Cayla después de estudiar su trabajo—. Y se merece un punto extra por entender la regresión.

Steve tenía miedo de que le rebajara la nota por no saber a lo que ella se refería, así que sonrió como si lo hubiera entendido. Cayla debió haberlo notado, porque pasó a explicar a lo que se refería.

—Entendió la idea de que se puede estar en el D4, la etapa del triunfador autosuficiente en algo y regresar hacia atrás a la D3, la etapa de capaz pero cauteloso —dijo ella.

—*Regresión* es una palabra estupenda para describir lo que me ocurrió a mí —dijo Steve—. Estaba en la etapa de triunfador autosuficiente en los presupuestos y programación de producción cuando trabajaba con Rhonda. Pero me he desanimado tanto últimamente que si ella me pidiera hacer lo mismo que solía hacer, no estoy seguro de tener la confianza suficiente para hacerlo. Definitivamente he regresado de la etapa de triunfador autosuficiente a la etapa de colaborador capaz pero cauteloso.

—Buen diagnóstico —dijo Cayla—. Parece que también entiende que en su nuevo papel como contador ejecutivo comenzó en el D1, la etapa del principiante entusiasta, recabando información del cliente, analizando sus necesidades y generando un plan desde cero. Pero ahora está en D2, la etapa del aprendiz desilusionado.

—Es vergonzoso, pero era tan ingenuo que no sabía que se supone que yo debía recabar la información del cliente en primera instancia. Estaba intentando con entusiasmo crear planes ¡de la nada! Cuando no funcionó, rápidamente pasé a la desilusión.

—Todo ello es parte del proceso de aprendizaje —dijo Cayla.

Steve suspiró.

—Si hubiera conocido las etapas de desarrollo desde el principio, podría haber trabajado con Rhonda para suplir mis necesidades. La pregunta ahora es: ¿es demasiado tarde?

—Nunca es demasiado tarde para intentarlo —dijo Cayla—. Estoy segura de que encontrará algunas respuestas este fin de semana mientras se prepara para su reunión con Rhonda.

Solo con la mención del fin de semana, Steve se dio cuenta de que ya llegaba tarde a su cena del viernes en la noche con Blair.

7

Correr juntos

Blair esperaba pacientemente cuando llegó Steve. Se sintió aliviado de verla, pero también se sentía culpable. Debería haberle escrito un mensaje para decirle que llegaría un poco tarde.

—Siento haberte hecho esperar —dijo él mientras le daba un sentido abrazo.

—Temía que te hubiera ocurrido algo —dijo ella.

Steve escuchó una preocupación genuina, no reproche en su voz.

—Has estado tan ocupado que no hemos podido vernos en toda la semana. ¿Qué sucede? —preguntó ella.

—Muchas cosas —respondió Steve.

—¿Estás bien?

—Físicamente sí —dijo él enigmáticamente.

Durante la cena en su restaurante mexicano favorito, Steve le habló de los extraños acontecimientos de la semana pasada. Comenzó con el rechazo de la propuesta para la campaña publicitaria para el United Bank y cómo eso llevó a conocer a Cayla.

—Ella me enseñó algo —dijo él. Sacó una de sus tarjetas de presentación y preguntó a Blair si tenía un par de tijeras en su bolso.

Ella sacó unas tijeras pequeñitas para cutículas.

—¿Sirven estas?

Con una cara algo seria, Steve le pidió que hiciera un agujero en la tarjeta lo suficientemente grande para que pudiera meter por él su cabeza.

—¿Por eso estás enojado? Una extraña te pidió que hicieras un agujero en tu tarjeta de presentación y que metieras la cabeza por él?

Steve se rio por primera vez esa noche.

—En parte —bromeó—. Vamos. Inténtalo.

—Es un truco —Blair dejó las tijeras y se cruzó de brazos, rehusando hacerlo.

—¡Tienes toda la razón! De hecho, es el primer truco de un autolíder.

Steve le habló sobre la mentalidad de elefante y la importancia de desafiar las limitaciones supuestas. Después tomó las tijeras, cortó la tarjeta para formar un gran anillo, e introdujo la cabeza por él. Las personas en la mesa de al lado, que habían estado mirando de reojo, aplaudieron asombradas.

—Está bien —dijo Blair—, entonces, ¿qué hiciste con esta revelación sobre las limitaciones supuestas?

Steve describió la reunión con su equipo, donde se dio cuenta de que sus suposiciones sobre los miembros de su equipo, el cliente y su papel le habían convertido en víctima.

—Yo no soy un líder nato —dijo moviendo un poco su cabeza.

Blair extendió su brazo para tocar la mano de Steve.

—¿Es esa la razón por la que no te vi el fin de semana pasado, porque te sentías mal contigo mismo? ¿Ayudó en algo salir a montar en tu moto?

—Casi se me olvida contar eso, y es la parte más extraña.

—¿Qué sucedió? —preguntó Blair.

Steve le contó la avería de su Harley y su extraño encuentro en el arcén con Cayla. Describió su viaje hasta el legendario concesionario Hal's Harley, la conversación sobre el poder, y el misterioso «recibo» revelando el segundo truco del autoliderazgo.

—Entonces, ¿cuál es el truco? —preguntó ella, mostrando tanto curiosidad como escepticismo en su voz.

Steve le entregó el recibo.

—«Activar sus puntos de poder» —dijo Blair, leyendo del trozo de papel.

—Yo ciertamente no usé mis puntos de poder con el proyecto del cliente United Bank —dijo Steve—. Debería haber sido yo quien iniciara la acción y dirigiera a otros.

—Pero ¿cómo podías dirigir a otros cuando ni siquiera sabías lo que estabas haciendo? Nunca antes habías sido contable ejecutivo.

La frase de Blair sorprendió a Steve. ¿Cómo podía ella verlo tan claro cuando él había necesitado a Cayla para poder averiguarlo?

—Hoy finalmente me di cuenta de eso. Creo que estoy en medio de aprender el truco final. Al principio me diagnostiqué en la etapa D1 (principiante entusiasta) en casi cada aspecto de mi papel, pero como no conseguí el estilo E1 que necesitaba (liderazgo de dirección), ahora estoy en la etapa D2 (aprendiz desilusionado), y necesito un estilo E2 (liderazgo de entrenamiento). En algunas cosas, como presupuesto y hacer programas, estaba en la etapa D4 (triunfador autosuficiente) y bien con el estilo E4 (liderazgo de delegación). Pero ahora no estoy seguro de ser tan competente como pensaba, así que he regresado a la etapa D3 (colaborador capaz pero cauteloso), donde se requiere un estilo de liderazgo E3 (de apoyo). —Las palabras caían de la boca de Steve sin pausa alguna.

Cuando terminó, Blair le estaba mirando fijamente y sin expresión.

—No tengo ni idea de lo que acabas de decir.

Steve se partió de la risa.

—Debe parecer que estoy hablando en otro idioma. Espera, solo un segundo. —Steve se levantó de la mesa y desapareció por la esquina. Cuando regresó, tenía dos gomas elásticas que había conseguido de la recepción del restaurante.

—Estaba hablando sobre las cuatro etapas del aprendizaje y de dominar algo nuevo —dijo—. Voy a enseñarte un truco con gomas elásticas para poner un ejemplo.

Comenzó a enseñarle a Blair el truco de magia, sacando la tarjeta con el LSII y usándolo como referencia.

Modelo de liderazgo situacional II

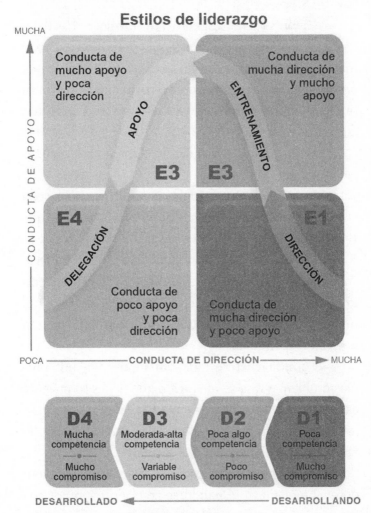

Estilos de liderazgo

MUCHA

CONDUCTA DE APOYO

Conducta de
mucho apoyo
y poca
dirección

Conducta de
mucha dirección
y mucho
apoyo

APOYO

ENTRENAMIENTO

E3   E3

E4   E1

DELEGACIÓN

DIRECCIÓN

Conducta de
poco apoyo
y poca
dirección

Conducta de
mucha dirección
y poco apoyo

POCA ——————CONDUCTA DE DIRECCIÓN——————▶ MUCHA

D4	D3	D2	D1
Mucha competencia	Moderada-alta competencia	Poca algo competencia	Poca competencia
Mucho compromiso	Variable compromiso	Poco compromiso	Mucho compromiso

DESARROLLADO ◀—————————— DESARROLLANDO

Niveles de desarrollo

Tras unos minutos, ambos decidieron que estaban en el D2 con respecto al truco de las gomas elásticas.

Los ojos de Blair se llenaron de brillo al ver la conexión entre el truco de las gomas elásticas y el trabajo de Steve.

—Entonces, con respecto a tu trabajo, te has diagnosticado en la etapa D2, aprendiz desilusionado en la mayoría de tus metas importantes, y has decidido que necesitas más dirección y apoyo para tener éxito en tu trabajo. —Blair frunció el ceño—. Y ahora, ¿qué has decidido hacer?

Steve le contó que tenía hasta el mediodía del lunes para averiguarlo.

—No estoy seguro si debería dimitir y acabar con el dolor o luchar por mi trabajo y arriesgarme a que Rhonda me despida. ¿Qué piensas?

—Pienso que tienes mucha suerte de haberte encontrado con Cayla —dijo Blair—. Haré un trato contigo. Si me ayudas con mi carrera de diez mil metros mañana, yo te ayudaré a pensar un plan para tu reunión con Rhonda.

—¡Caramba! He estado tan sumido en mis propios problemas que se me olvidó que tienes tu primera carrera mañana. —Steve sacudió la cabeza—. Quiero ayudar, pero no estoy seguro de poder hacer mucho entre ahora y mañana en la mañana.

—Este es mi diagnóstico —dijo Blair refiriéndose al modelo—. Cuando se trata de mi programa de entrenamiento, puedo hacer las carreras cortas durante la semana, pero nunca he tenido la confianza de terminar el entrenamiento de la carrera de diez mil metros el fin de semana. Creo que estoy en la etapa D3: colaborador capaz pero cauteloso. Para la carrera de mañana estoy en la etapa D2: aprendiz desilusionado. Nunca he corrido en una carrera con cientos de personas, así que mi competencia es muy baja. No sé cómo reaccionaré, y tengo miedo. Imagino que significa que mi compromiso es bajo. ¿Qué ocurrirá si no puedo terminar?

—Vamos, Blair —le animó Steve—. Puedes *caminar* diez kilómetros si tienes que hacerlo.

—¿Y si quedo la última? Será horrible. —Blair se tapó los ojos con las manos como si intentara bloquear la imagen de su cruce de la línea de meta mucho después de que los demás corredores hubieran terminado su carrera. Steve se rio.

—¡*Eres* una aprendiz desilusionada! ¿Cómo quieres que te ayude así?

La pícara sonrisa de Blair hizo que Steve se preguntara en qué lío se había metido.

—Tengo poder de relación contigo, y voy a usarlo. Esta es mi petición: corre conmigo. Has participado en muchas carreras y sabes lo que es. Tienes poder de conocimiento. Sé mi compañero de carrera y entrenador. Necesito un estilo de liderazgo E2, donde tenga dirección y apoyo.

—¿Estás bromeando? No he entrenado —se quejó Steve.

—Al ritmo que voy yo, ¡no necesitas entrenamiento para seguirme!

Blair y Steve siguieron hablando de regreso a casa después de cenar. Mientras iba conduciendo, Steve se dio cuenta de que como le había enseñado el modelo a Blair, ahora tenían un marco común para discutir dónde estaban en sus metas y qué necesitaban para conseguirlas.

Al salir el sol el sábado en la mañana, Steve se puso su indumentaria de correr, hizo algo de calentamiento y se dirigió hacia la puerta para ir a recoger a Blair.

Blair sonrió cuando vio a Steve con su ropa de deporte.

—Sabía que vendrías. —Ella le dio un sándwich y una bebida energética—. Tengo el presentimiento de que te vendrán bien los dos.

—No podía decepcionar a un autolíder que necesita ayuda —dijo Steve con una sonrisa—. Tú pediste ayuda, y eso requiere fortaleza.

Se subieron al auto y se dirigieron a la carrera. Tras unos minutos de silencio, Blair dijo:

—Estuve pensando en los dos trucos que te enseñó Cayla, desafiar las limitaciones supuestas y activar tus puntos de poder. Esos conceptos son muy buenos. No sería una corredora si no los hubiera usado, tan solo no era consciente de que los estaba usando.

—Explícate más —urgió Steve.

—¿Te acuerdas cuando empecé a correr? Me compré ropa bonita, zapatillas de correr, buenos calcetines. Tenía todo mejor. Me sentía muy orgullosa de mí misma. Tomaba la calle, corría la primera manzana y comenzaba a sentir que los músculos de las piernas se tensaban. Intentaba controlar mi respiración, pero me faltaba el aire. Se me ponía ese dolor en el costado que no se me quitaba.

Steve sonreía.

—Recuerdo tu excusa. Decías: «Debo tener fibras de contracción rápida. Creo que no están hechas para carreras de larga distancia».

—Esa era mi restricción asumida. Aunque solía ser una velocista bastante buena, supuse que no podía correr bien en largas distancias. Tú me ayudaste a desafiar esa restricción asumida explicándome que al correr se usan músculos muy distintos a los que yo estaba acostumbrada. Me dijiste que iba a necesitar algo más que unas buenas zapatillas de correr.

—Ahí acerté —dijo Steve orgullosamente.

—El punto es que yo quería abandonar. Empecé en la etapa D1, la del principiante entusiasta, ¡y solo tardé dos manzanas en llegar a la fase D2, aprendiz desilusionado!

—Entonces, ¿qué necesitaste? —preguntó Steve.

—Para mérito mío, me di cuenta de que necesitaba entrenamiento, así podría aprender a correr de otra forma. Necesitaba a alguien que me observara, revisara y evaluara mi forma de correr; alguien que me enseñara cómo dándome retroalimentación. Necesitaba un estilo de liderazgo E1, el de dirección, pero como nunca lo tuve, estaba en el punto donde necesitaba un estilo E2 de liderazgo, el de entrenamiento.

—Ahora recuerdo —dijo Steve—. Acudiste a un amigo que era entrenador de carrera de campo en el instituto y él te ayudó a desarrollar un programa de entrenamiento. Usaste tu poder de relación para encontrar a alguien con poder de conocimiento.

—Correcto —dijo Blair—. Mi entrenador me ayudó a desarrollar toda una estrategia que incluía un grupo de corredores de apoyo, conseguir retroalimentación para mi respiración y técnica de carrera, suscribirme a una revista de corredores y reclutarte para animarme a no dejar mi programa de entrenamiento.

—Fuiste a contratar un entrenador y él te ayudó a conseguir tu meta —dijo Steve.

—Lo cual me recuerda una de mis citas favoritas —dijo Blair:

✻

«Una persona que
no tiene una meta
será usada por otra
que sí la tiene».

✻

—Eso es cierto —asintió Steve—. Y a veces no alcanzamos nuestras metas porque dejamos que nuestras limitaciones supuestas nos derroten.

—O no usamos nuestros puntos de poder —añadió Blair—. Se me ocurrió que un grave error que cometemos en el trabajo es pensar que el único lugar de donde conseguir dirección y apoyo es de nuestros mánager. Pero como viste con tu equipo el otro día, eso es una restricción asumida. Steve, tienes varias personas y recursos a tu alcance para obtener la dirección y el apoyo que necesitas para darle la vuelta a este cliente del United Bank. Me parece que tienes puntos de poder que no has comenzado a activar aún.

—Probablemente tienes razón. —Steve redujo la velocidad mientras se acercaba a la curva que les llevaría al punto de inicio de la carrera.

—Tenemos que trazar una estrategia para tu reunión con Rhonda, igual que hice yo con mi carrera. ¡Creo que funcionará!

—Si no funciona, siempre puedo volver a mi estrategia de salida y abandono —dijo Steve.

Blair suspiró.

—Amenazar con abandonar es tu forma de sentir que tienes algo de control cuando te ves antes una meta difícil.

—Quizá. —Steve entró en el estacionamiento donde cientos de corredores se habían congregado—. ¿Cuál es tu meta hoy? ¿Qué tiempo crees que harás?

—Olvídate del tiempo. Mi meta es terminar los diez mil metros.

—Me parece bien. Si tan solo terminar la carrera ya te motiva, nos enfocaremos en eso. Pero creo que deberías fijar una referencia —dijo. Señalando a una mujer que parecía tener unos ochenta años, dijo—: Creo que deberías intentar ganarle.

Blair no mordió el anzuelo.

—¡Esa no es una meta inteligente! No puedo controlar lo rápido que corre esa señora. Imagínate que tiene el record nacional de mujeres ancianas.

—¿No crees que deberías tener *alguna* referencia? —preguntó Steve.

—¿Qué te parece esto: mi meta es no ser la última en cruzar la línea de meta. Eso significa que si no puedo continuar, ¡me tendrás que llevar hasta la meta!

Ambos se dirigieron hacia la mesa de inscripciones, tomaron sus dorsales y se los pusieron en sus camisetas. Había todo tipo de personas reunidas alrededor de las casetas que ofrecían comida, bebida, productos, promociones y masajes. La música llenaba el ambiente. La atmósfera era electrizante, y Steve se sintió vigorizado. Era divertido ser parte del evento.

Las personas se reunían en la línea de salida. Blair y Steve estaban posicionados a mitad del pelotón cuando Blair salió disparada, abriéndose camino hasta el frente. Se dio la vuelta y le hizo señas a Steve para que le siguiera.

¡No sabe que el frente del pelotón está reservado para corredores preparados y profesionales con patrocinios!, pensó Steve. Se preguntaba si se daría cuenta de que los números que tenían en sus camisetas estarían entre los números 001 y 100 y el de ella era el 2045. Mientras se acercaba a la primera fila, se dio cuenta de que ella estaba demasiado animada como para observar nada.

«En sus marcas». La cuenta de inicio sonaba por los altavoces. Steve no había reaccionado a tiempo para detener a Blair. «Listos». Se escuchó el pistoletazo de salida, y comenzaron.

La euforia que tuvo al comenzar la carrera emocionó a Steve. Podía sentir la tierra temblar como consecuencia de los miles de pies que había detrás de él. Escuchó el respirar colectivo de cientos de corredores. Cuando alcanzó a Blair, decenas de corredores les habían adelantado.

—¡Increíble! —gritó Blair—. ¿Por qué la gente corre tan rápido si estamos al principio de la carrera? Nunca terminaré si intento mantener este ritmo. ¡Ya estoy lista para abandonar! ¿Qué debo hacer, entrenador?

—Dosifícate. Tan solo intenta llegar a la fuente.

—De acuerdo, llego hasta la fuente, ¿y después qué? —preguntó ella, casi sin poder respirar.

—Siente el frescor que llega desde la fuente. ¡Es refrescante! Y recuerda tu meta.

—Ah, sí. Terminar. —Blair redujo el paso y comenzó a recuperar la respiración.

—¿Qué ocurrió en la línea de salida? —preguntó Steve.

—Me animé mucho, ¡y decidí ir a por todas! Pensé que quizá podía ganar a mi grupo de edad, o algo así.

A Steve la pareció adorable la inocencia de Blair.

—Eso sería algo, ¿no crees? Ganar a tu grupo de edad en tu primera carrera, después de entrenar durante un par de meses. —Intentaba no sonar demasiado crítico.

Blair sonrió.

—Lo entiendo —dijo entre jadeos—. Actué como si estuviera en la fase de triunfador autosuficiente, poniéndome al frente, pensando que podría adelantar o al menos mantener el ritmo de los mejores. ¡Estaba en la fase clásica del principiante entusiasta! Por eso ahora estoy en la fase de aprendiz desilusionada. No he tardado mucho en llegar de D1 a D2, ¿verdad? —Estaba claro que ella no necesitaba una respuesta.

Pero Steve respondió igualmente.

—¿Recuerdas el viejo proverbio italiano: las cosas se ponen más difíciles antes de ponerse más fáciles? Pensó que él mismo tendría que poner atención a esa frase. Su frustración con su trabajo, notó él, era una parte normal de la curva de aprendizaje que tenía que reconocer y tratar. No era razón para abandonar.

Enseguida pasaron por la fuente y sintieron el frescor vigorizante.

—Llegué a la marca —jadeó Blair—. ¿Ahora qué?

—Sigue, paso a paso —respondió Steve.

Durante el resto de la carrera, Blair le pidió a Steve la dirección y el apoyo que necesitaba. Ella se animaba en voz alta para que Steve pudiera añadir algo si pensaba que ella lo necesitaba. *Tan solo da la vuelta a la esquina. Bien hecho. Ahora solo hasta llegar a esas dos personas, no parecen ir muy rápido. ¡Estupendo, Blair!*

De vez en cuando, ella le pedía a Steve alguna indicación concreta. *¿Estoy utilizando bien mis brazos cuando subimos las cuestas? ¿Necesito hacer algo distinto al bajar? Si estoy respirando tanto que me cuesta hablar, ¿significa que estoy yendo demasiado rápido y que debería aflojar?* A veces Steve le daba respuestas directas; otras veces le pedía que lo experimentase y le dijera lo que pensaba ella que era mejor.

Tras una hora de carrera, Steve iba trotando sin dificultades, pero no así Blair. Ella iba jadeando y resoplando, casi con sibilancia. Finalmente alcanzaron a ver la línea de meta.

—De acuerdo, entrenador —Blair se las arregló para hablar jadeando—, otros corredores han dicho que aquí es donde reciben el subidón de adrenalina, su segunda respiración, y esprintan hasta la línea de meta. No tengo muchas esperanzas. No estoy segura de haber encontrado tan siquiera mi primera respiración. Mis piernas están casi muertas. Me duelen los pulmones. Espero poder terminar.

Steve estaba comenzando a preocuparse. No quería tener que llevarla en brazos hasta la meta. Entonces, escucharon unas voces conocidas animándoles desde los laterales. Echaron un vistazo y vieron a un grupo de amigos gritando como locos.

—¡Oh, vaya! —dijo Blair—, ¡no sabía que estarían todos aquí! —Ella sonrió a pesar del dolor—. Estoy segura de que están impactados de ver ¡que aún estoy en pie!

—Y que no eres la última —añadió Steve.

Con eso, tanto el rostro como el cuerpo de Blair cambiaron. Recibió su segunda respiración.

—¡Vamos! —gritó ella, saludando a sus amigos mientras aceleraba.

Steve estaba listo para adaptarse al cambio de ritmo cuando pensó que observó otro rostro familiar entre la multitud. ¿Era Cayla la que les animaba? No, era imposible. Volvió a mirar y ya no estaba ese rostro.

Blair le ganó en la línea de meta. Cuando él llegó, ella le abrazó llena de júbilo.

—¡Gracias, gracias, gracias! —decía ella. Él le abrazó como respuesta, pero le mantenía caminando por temor a que pudieran fallarle las piernas si se detenía del todo.

—¡Mira! —dijo Blair, señalando hacia la línea de meta—. ¡Sigue llegando gente!

La gente seguía llegando, pero incluso más corredores habían terminado antes que ellos. Habían tardado algo más de una hora en correr los diez kilómetros.

No era un tiempo rápido. En ese momento, Steve tuvo una revelación. Sabía que Blair era una persona muy competitiva. Sin embargo, curiosamente, saber que cientos de personas habían terminado antes que ella no parecía molestarle. De hecho, estaba desbordada de alegría al terminar la carrera por haber conseguido su meta. No importaba lo que hubieran hecho los demás.

La carrera le ayudó a Steve a darse cuenta de que:

✽

«Hay alegría al diagnosticar nuestro nivel de desarrollo y conseguir la dirección y el apoyo que necesitamos para lograr nuestra meta».

✽

Sin conseguir lo que necesitaba, Blair habría abandonado después de recorrer dos manzanas. Así como él estaba a punto de dimitir después de un par de meses de ser contable ejecutivo.

Enseguida les rodearon los amigos. Pasaron la siguiente hora recogiendo sus nuevas camisetas y disfrutando de los puestos, exhibiciones y premios que daban a los que terminaban la carrera. Mientras caminaban de regreso a sus autos, Blair abrazó a todos sus amigos.

—Gracias por darme el apoyo que necesitaba y cuando lo necesitaba —dijo ella.

Después, mientras estaban parados en el tráfico en la fila que avanzaba lentamente hacia la caseta de pago del estacionamiento, Steve le pidió a Blair que buscara por la bolsa entre los cupones y las muestras gratuitas y encontrara su boleto del estacionamiento.

—¿Estás seguro de que lo pusiste aquí? —preguntó ella—. No lo encuentro.

Estaban en la caseta de pago del estacionamiento. A Steve le molestaba mucho retener el tráfico. Bajó la ventanilla para explicar que aún estaban buscando el boleto.

—No se preocupen, ya está solucionado —dijo la asistente.

—¿Qué quiere decir? —preguntó Steve.

—Esa señora se lo pagó —la asistente señaló hacia delante, donde había una mujer bajita en una Harley-Davidson que salía del estacionamiento—. Ella dijo algo sobre lo especial que es usted —dijo mientras le daba a Steve su recibo.

Steve le dio las gracias a la asistente, le entregó a Blair el recibo, y salió a la autopista.

—Esa era Cayla —dijo él con un tono de voz que mostraba asombro—. Me pareció haberla visto entre la multitud, pero pensé que no había visto bien.

—¿Le contaste que estaríamos aquí? —le preguntó Blair.

—No me acuerdo —dijo Steve.

—Bueno, este no es un recibo normal de estacionamiento —dijo Blair mientras lo elevaba para que Steve lo pudiera leer. El recibo estaba ornamentado con el mensaje:

El tercer truco del autoliderazgo:

¡SEA PROACTIVO!

CONSIGA LO QUE NECESITE

PARA TENER ÉXITO!

8

Sin excusas

Steve era un hombre con un plan, estaba en la puerta a las 7:00 de la mañana el lunes. Primera parada: Cayla's Café. En lugar de ir directamente a la barra de la cafetería, miró inmediatamente a su alrededor buscando a Cayla y le encontró sentada en la misma mesa antigua.

—Tiene muchas cosas que explicarme, Cayla.

—Quién, ¿yo? —preguntó ella, arqueando las cejas.

—No quiero parecer desagradecido, pero me estoy muriendo de curiosidad.

Un camarero comenzó a recoger la mesa contigua a la de ellos.

—¿Podría traernos un par de cafés y unos bizcochitos? —preguntó Steve.

El camarero asintió discretamente y se alejó.

—Bueno, volviendo a las explicaciones —dijo Steve.

Cayla le miró a los ojos.

—Estoy segura de que tendrá muchas preguntas válidas, pero ¿no cree que deberíamos enfocarnos primero en las preguntas más importantes? ¿Cómo va a manejar su almuerzo con Rhonda? ¿Cómo va a mantener su puesto de trabajo? ¿Cómo va a implementar el plan que Blair y usted han desarrollado?

—¿Lo ve? ¡A eso me refiero! —dijo Steve alzando la voz—. ¿Cómo sabe que Blair y yo hemos trazado un plan?

Cayla hizo un movimiento con la palma de su mano.

—Calma. Les vi a los dos durante la carrera. Los dos son muy inteligentes, así que me imaginé que sacaría partido a su asociación con ella y trazarían algún plan para hoy.

—Vale —dijo Steve—. Sus grandes poderes de observación y razonamiento han funcionado otra vez. Pero ¿por qué estaba allí observándonos, para empezar? No recuerdo haberle dicho que estaríamos en esa carrera.

De nuevo, Cayla respondió objetivamente.

—Conocía a otras personas en esa carrera, y estaba allí para animarles. Quizá vio a alguno de ellos, una señora maravillosa. Tiene ochenta y dos años ¡y aún sigue corriendo! Terminó por delante de ustedes dos, podría añadir.

—Me alegro de que Blair no viera eso —dijo Steve casi en un susurro.

—¿Cómo dice? —preguntó Cayla.

—No, nada —dijo Steve con una media sonrisa—. Imagino que me precipité sacando conclusiones. Pero tiene que admitir que últimamente se han producido bastantes coincidencias. Como nuestro encuentro fortuito cerca del concesionario Hal's Harley, por ejemplo.

—La vida está llena de sorpresas inesperadas —dijo Cayla—. Mire, solo le quedan unas horas antes de su gran reunión con Rhonda. ¿Qué preguntas tiene acerca de su plan?

Steve sacó el plan de múltiples páginas que él y Blair habían creado y se lo entregó a Cayla. Fue entonces cuando se dio cuenta de que no les habían servido los cafés y los bizcochos. Cuando el camarero pasaba por su lado, Steve le volvió a llamar.

—Disculpe —dijo él de repente—. ¿Viene ya nuestro pedido?

—Lo comprobaré —dijo el camarero mientras se alejaba.

Cayla aún estaba concentrada en el plan, haciendo pequeños ruidos en aparente aprobación. Steve decidió que sus «ajá» no eran suficientes, y decidió pedirle su opinión.

—Como me encuentro en la fase D2 de aprendiz desilusionado como autolíder, especialmente hablando de mi reunión con Rhonda, ¿está bien si le pido que me dé algunos detalles más concretos?

Cayla no respondió de inmediato. Parecía estar meditando en su pregunta.

Temiendo haberse equivocado al preguntar, Steve dijo casi tartamudeando:

—Si no puede, quiero decir, si no quiere darme su opinión...

Cayla se puso el dedo en la boca.

—Observe —susurró.

Cuando el camarero pasaba por allí de nuevo, Cayla alzó su mano para llamar su atención.

—Perdone, Gary. Necesito preguntarle por nuestro pedido. ¡Mi colega se vuelve gruñón sin su café de la mañana! —dijo con una sonrisa.

—¡Oh, sé lo que se siente! Permítame que lo revise. —El camarero se dio la vuelta y se apresuró a regresar al mostrador de la cafetería.

—¡Gracias! —dijo Cayla, rebosando de aprecio.

Gary regresó segundos después con el café y los bizcochitos.

—Debe ser su encantadora personalidad —bromeó Steve—. A mí me ignoró cuando se lo pedí.

—No es encanto, sino técnica —explicó Cayla—. Simplemente usé la palabra más poderosa del lenguaje humano para conseguir lo que necesitaba.

—¿«Gracias»? —expresó Steve.

—Eso no dolió, imagino. Pero no es eso realmente lo que marca la diferencia. ¿Qué fue distinto entre la forma en que usted se dirigió a Gary y la forma en que yo manejé la situación?

Steve intentaba pensar.

Cayla le dio la respuesta.

—Usé la palabra más poderosa del lenguaje humano para conseguir cooperación.

Steve esperaba ansioso de escuchar cuál era esa palabra.

—*Necesito* —declaró Cayla.

—¿Eso es todo?

—Correcto —dijo Cayla con firmeza.

—Es interesante, Cayla, pero ¿qué tiene eso que ver con la opinión que me va a dar?

—No es que no quiera dar mi opinión, es solo que hay una manera mucho más poderosa de que consiga mi opinión. No la pida.

Ahora Steve estaba totalmente perdido.

—Pero pensaba que debería ser proactivo como autolíder y pedir opinión.

—Dije que *consiguiera* la retroalimentación, no que la *pidiera*. Permítame ser más precisa. No ponga la petición en forma de pregunta. En este caso, jugar al *Jeopardy* le pone en peligro —Cayla sonrió con su juego de palabras antes de reforzar:

✻

«La palabra más poderosa para conseguir lo que necesitamos para tener éxito es: "NECESITO"».

✻

—Como autolíder, es responsabilidad de usted conseguir la retroalimentación, dirección y apoyo que necesite —dijo Cayla—. El problema es que en vez de decir qué necesita de una forma directa, especialmente cuando está en la fase D2, aprendiz desilusionado, se ve atrapado en una red de preguntas necias.

—¿Como cuáles? —indagó Steve, temiendo haber hecho una de ellas con esa pregunta.

—Este es un buen ejemplo —dijo Cayla, llena de entusiasmo—. Un hombre entró en el metro de Nueva York y descubrió que había solo un asiento libre. Pero había algo en el asiento que no quería que manchara sus pantalones, así que puso primero el periódico y se sentó sobre él. Momentos después, una mujer le dio un golpecito en el hombro y le preguntó: «Disculpe, señor, ¿está leyendo su periódico?». El hombre pensó que esa era una de las preguntas más necias que jamás había escuchado. No pudo evitarlo. Se levantó, giró la página, se volvió a sentar sobre el periódico y respondió: «Sí señora, lo estoy leyendo».

Cayla se rio con su propia historia.

—Ese es el problema con una pregunta necia. Recibimos una respuesta necia.

Steve se partió de la risa, más por Cayla que por su historia. Pero no estaba seguro de esa cuestión de la pregunta. ¿Cómo podría él pedir ayuda sin hacer una pregunta? Steve se arriesgó.

—Cayla, espero que esta no sea otra pregunta necia. Pero ¿qué hace que una pregunta sea necia? Obviamente, no todas las preguntas son necias. De hecho, siempre he escuchado eso de que no existen preguntas necias.

—Una pregunta inteligente —dijo Cayla—. Hay tres tipos de preguntas necias. Una, cuando la respuesta es obvia. Dos, cuando no estamos dispuesto a oír cierta respuesta. Y tres, cuando ya sabemos lo que queremos oír. Por ejemplo, Rhonda está por ahí corriendo como gallina sin cabeza, pero usted necesita algo de ayuda. Así que pregunta: «¿Está ocupada?». Esa es una pregunta necia. ¡Por supuesto que está ocupada! Así que ella dice algo como: «No hay horas suficientes en el día». Usted se siente culpable, así que se aturde y la deja sola para no añadirle más carga. Es mejor que simplemente plantee lo que necesita con veracidad: «Rhonda, necesito quince minutos de su tiempo para hablar de este proyecto. Si ahora no es un buen momento, puedo regresar a las tres en punto».

Steve no podía negar que a menudo hacía lo que parecía ser una pregunta necia en vez de decir directamente cuáles eran sus necesidades.

—¿Qué hace que la palabra «necesito» sea tan poderosa? —preguntó él.

—Cuando le dices a alguien que *quieres* algo, su primer pensamiento suele ser: *Todos queremos cosas que no podemos tener.* Cuando usas la palabra *necesito*, estás partiendo de una posición de fortaleza. Has pensado en lo que supondrá tener éxito y estás pidiendo la ayuda de una persona. Es asombroso, pero a los seres humanos nos encanta sentirnos necesitados. Nos encanta pensar que podemos ayudar. «Necesito» es algo muy convincente.

—De acuerdo. Intentaré no hacer preguntas necias. Pero me reservo el derecho a hacer preguntas inteligentes —dijo Steve—. A ver que le parece así: *Necesito* opinión específica sobre mi plan para poder conseguir lo que necesito para que funcione.

Cayla obedeció de inmediato dándole su atención al plan limpiamente impreso de Steve. Tras volver a leerlo, resumió:

—Usted **desafia las limitaciones supuestas**, el primer truco del autoliderazgo, al enumerar las posibles y las actuales limitaciones supuestas que podrían limitar su éxito con el cliente United Bank. La manera en que le dio la vuelta a las limitaciones supuestas es muy eficaz, esta por ejemplo: «Mi restricción asumida es que pienso que Roger es egoísta y que no escucha nada de lo que digo». La frase contraria: «Roger no es egoísta y está abierto a mis recomendaciones».

»Usted **activa sus puntos de poder**, el segundo truco del autoliderazgo, al destacar sus fortalezas y recursos. Pero ha ido un paso más lejos al identificar a otras personas que tienen puntos de poder que puede utilizar mientras implementa su plan. Puede sentirse bien por esto.

»Y finalmente, ha empezado a usar el tercer truco del autoliderazgo, **ser proactivo para conseguir lo que necesita para tener éxito**, al priorizar sus metas más importantes con el United Bank, diagnosticando su nivel de desarrollo en cada una de ellas y decidiendo cuál es el estilo de liderazgo que necesita.

Durante la hora siguiente, Cayla ayudó a Steve a crear una agenda para su reunión con Rhonda, Finalmente, llegó el momento en que Steve se tenía que ir. Recogió los papeles y dio el último sorbo a su café, frío ya a estas alturas. Antes de irse, Steve se acercó y le dio a Cayla un fuerte abrazo.

—Esto ha significado mucho para mí hoy. Nunca lo olvidaré, al margen de lo que ocurra.

Cayla estaba visiblemente conmovida. Le dio un apretón en el brazo y se fue a su oficina. Cuando Steve se encaminaba hacia la puerta, escuchó su voz que le llamaba:

—¡No deje que la desilusión le haga descarrilar!

Steve sonrió. Cayla siempre parecía tener la última palabra.

Ha llegado el momento de hacer magia, pensaba Steve.

Enderezó su ya enderezada corbata y se miró en el espejo retrovisor para ver cómo estaba antes de entrar en Irma's Eatery. Llegaba unos minutos antes. Lo último que quería era hacer esperar a Rhonda.

Maletín en mano, encontró el lugar más privado que había disponible y miró hacia delante para poder captar la atención de Rhonda cuando ella entrara. Sacó su computadora portátil y revisó sus notas de la propuesta del United Bank. La camarera le dejó un vaso de agua con hielo.

—Gracias, Tina. Necesito otro vaso, ya que alguien me acompañará para comer —Steve sonrió por lo bien que funcionaban las pequeñas cosas. Tina no solo fue rápida, sino atenta.

—Parece una reunión importante —observó Tina.

—De hecho, podría ser una de las más importantes de mi carrera hasta ahora —dijo Steve.

—¿Puedo hacer algo para que las cosas vayan mejor?

—Caramba, eso es muy amable de su parte. Pensándolo bien, sí. Si es mucho pedir, dígamelo con confianza. Necesito estar enfocado, así que agradecería si en vez de venir a preguntar si todo nos va bien y romper quizá con ello un momento delicado, espera a que yo le dé la señal de que necesitamos algo. Ah, y asegúrese de entregarme a mí la cuenta.

—Eso está hecho —Tina le hizo una señal de aprobación con su dedo pulgar—. ¡Y buena suerte!

Steve sonrió. Se sentía bien al ser proactivo con respecto a conseguir lo que necesitaba para tener éxito.

Por fuera de la ventana, un BMW plateado llegó al estacionamiento. Él observaba mientras Rhonda recogía sus cosas y se dirigía hacia la entrada del restaurante. Confiada y segura, Rhonda era alguien a quien Steve admiraba en términos generales. Él se preparó para su estilo directo y claro. Ella no se andaría por las ramas, sino que iría al grano, y se iría con un plan general de acción. Aunque él estaba nervioso, se daba cuenta de lo mucho que quería trabajar con ella, pues tenía mucho que aprender.

Él se puso en pie para que ella pudiera verle. Ella sonrió. Él observó que la sonrisa era genuina, pero contenida. Entendía que ella necesitaba contenerse, dada la seriedad de la situación.

Steve salió del apartado para saludarle. Se dieron un apretón de manos semiprofesional, y un hola con un medio abrazo. Steve se sentó después de que Rhonda lo hiciera.

Normalmente, Steve hubiera esperado que Rhonda hablara. Él escuchaba, le daba una opinión y después decidía cómo responder en caso que considerase hacerlo. Pero esta era una ocasión para ser valiente, así que antes de que Rhonda comenzara, Steve lanzó la primera frase.

—Rhonda, sé que acortó su viaje debido a esta reunión. Expresó su decepción por haberse enterado del resultado de la presentación de boca de Roger y del United Bank antes que de mí. No voy a poner ninguna excusa. Creo que su decepción está justificada. Estoy aquí para ponerle al día en base a lo que sé y a escuchar lo que usted piensa. Pero también necesito que sepa que he hecho los deberes. Tengo ideas para avanzar y confío en que estará abierta a discutirlas.

—¿Qué clase de ideas? —preguntó Rhonda.

—Tengo un doble enfoque. Uno es una estrategia para comunicarme con Roger y rescatar la campaña de publicidad. Obviamente, esa es la preocupación más acuciante para usted y para Creative Advertising. El segundo enfoque es un plan para la forma en que usted y yo deberíamos colaborar para avanzar. No me di

cuenta hasta la semana pasada de que necesito dirección y apoyo de usted y de otros para hacer mi trabajo
con eficacia mientras avanzo en la curva de aprendizaje. Mi plan es ser mucho más proactivo en el futuro
para conseguir lo que necesite para tener éxito, y no
decepcionar ni a usted ni al equipo.

Rhonda se tomó un momento antes de responder.

—No cabe duda de que el cliente United Bank
está en crisis —dijo ella—. Si me dieran un dólar por
cada vez que nos hemos tenido que sentar para salvar
un cliente, me podría jubilar ya. Necesito que me ponga al día, pero creo que podemos salvar a este cliente
—dijo Rhonda.

Steve lanzó un silencioso suspiro de alivio. Perder
su trabajo hubiera sido suficientemente malo, pero la
culpa de perder el cliente lo hubiera empeorado aún
más. Se dispuso a sacar la propuesta para poner al día
a Rhonda, pero ella no había terminado.

—Francamente, Steve, estoy más preocupada por
usted. Sé lo concienzudo que es con su trabajo, y lo orgulloso que está de hacer un buen trabajo. No quiero perderle, pero siento que se está escurriendo de mis manos.

Steve apenas podía creer lo que estaba escuchando.
¿Ella tenía miedo de *perderle*? Espetó la que podría haber
sido la pregunta más necia que jamás hubiera hecho.

—¿Quiere decir que no va a despedirme?

Para sorpresa de Steve, Rhonda se rio.

—Lo siento —dijo Rhonda, intentando controlar
su diversión—. Recuerdo escuchar una historia, quién

sabe si es cierta o no, pero es una gran historia, sobre Tom Watson, el legendario líder de IBM. Un hombre joven al cual enviaron a la oficina de Watson estaba aterrado porque había estado a cargo de un proyecto con el que habían perdido miles de dólares, quizá millones. El número crece cada vez que se cuenta la historia. No importa, el joven entró en esta intimidante oficina y Watson dijo: «Cuénteme qué ha ocurrido, qué aprendió; qué salió bien, qué salió mal». Así que durante una hora, el joven habló y habló, contándole a Watson todo lo que pensaba que era relevante. Al final de la reunión, Watson le dio las gracias al joven y le estrechó su mano. El joven se quedó allí sentado anonadado e hizo la misma pregunta que usted acaba de hacerme: «¿No me va a despedir?». ¿Sabe lo que contestó Watson?

Steve meneó negativamente la cabeza.

—¿Qué?

—La historia cuenta que Watson vociferó: «¿Despedirle?». Acabo de gastar miles de dólares en su entrenamiento, ¿por qué iba a despedirle ahora?». —Rhonda se rio con una carcajada sincera y abierta—. Steve, estoy en el mismo barco que Watson. Imagino que usted ha aprendido más en la última semana de lo que le hubiera enseñado cualquier Maestría en Administración de Empresas. ¡No me puedo permitir el lujo de despedirle!

No bastándole con oír estas buenas noticias, Steve tenía un asunto más que sacar a la palestra.

—Escuché rumores de que iba a reemplazarme por Grant para este cliente.

Rhonda arrugó la cara y puso una mirada que Steve no podía descifrar. Él esperó su respuesta, y finalmente ella dijo:

—¿Recuerda el juego del teléfono de los niños, cuando un niño susurra un mensaje al oído del otro, y ese niño lo pasa al siguiente niño, y cuando el mensaje da toda la vuelta al círculo de niños es una total distorsión del mensaje original?

—Entonces, ¿cuál fue el mensaje original? —preguntó Steve.

—No fue un mensaje; fue solo una idea que estaba considerando. Grant tiene un verdadero potencial y muy buenas habilidades de relación, pero le falta enfoque y atención al detalle, las cualidades que usted tiene a raudales. Mi idea era que él se convirtiera en su contable ejecutivo asistente para que pudiera enseñarle una variedad más amplia de habilidades.

A Steve le entraron ganas de saltar de alegría.

—Bueno, si no va a despedirme, y yo no voy a dimitir, imagino que tenemos mucho trabajo que hacer. Y obviamente, tengo mucho que aprender antes de comenzar a ser mentor de Grant. Pidamos la comida y le mostraré mis planes. —Steve hizo una señal a Tina, la cual acudió al instante.

Mientras comían, Steve le enseñó la propuesta del United Bank a Rhonda, explicándole por qué pensaba él que el cliente había rechazado el presupuesto, el plan de producción y el enfoque creativo.

—Yo era un creador de presupuestos y programas cuando trabajaba con usted, pero no sabía, no sé, cómo recopilar la información adecuada y el entendimiento con el cliente. Esas eran responsabilidades suyas que yo nunca aprendí a hacer.

Steve había decidido evitar usar el lenguaje lleno de D del Modelo de Liderazgo Situacional II. El modelo guiaría sus pensamientos y comentarios, pero temía que confundiera las cosas al hablar un lenguaje que Rhonda no conocía. Pero al compartir sus ideas se acordó de lo fácil que había sido comunicarse con Blair cuando ambos hablaban el mismo mensaje. Así que sacó el modelo y lo repasó brevemente con Rhonda.

Rhonda estaba más que receptiva. Pidió ejemplos concretos. Steve sacó la hoja donde había priorizado sus metas, diagnosticado su nivel de desarrollo en cada una de ellas, y donde había decidido qué estilo de liderazgo se necesitaba. Le explicó a Rhonda que ella no era la única de la que buscaría liderazgo.

—He desafiado las limitaciones supuestas que tenía sobre mi equipo y el cliente. También he activado mis puntos de poder y me he dado cuenta de que hay muchas más personas y recursos disponibles para mí. En otras palabras, usted no es la única que puede dirigirme.

Rhonda parecía aliviada de que la responsabilidad no fuera suya por completo.

—Entonces está diciendo que:

�֍

*«Un líder es
cualquiera que
pueda darnos el
apoyo y la dirección
que necesitamos
para conseguir
nuestra meta».*

�֍

—¡Así es! —dijo Steve vivazmente—. Pero como mi entrenadora, jefa, y ahora mismo salvadora del cliente United Bank, necesito toda la dirección que pueda darme.

—Bueno, pues aquí está —avisó Rhonda—. La razón por la que falló esta presentación es porque se enfocó en aquello con lo que se sentía cómodo y no le dio al clavo. Intentó usar el presupuesto y el programa de producción para dirigir la estrategia. Y debe ser al revés. Primero el enfoque estratégico, después el creativo, después los presupuestos y los programas. Fue con lo que conocía, pero en este caso le llevó en dirección contraria. Por eso Peter y Alexa no pudieron encontrar algo creativo. Estaban trabajando en un vacío.

—Pero no pude conseguir que el cliente pensara en la estrategia o estuviera de acuerdo con ella —se quejó Steve.

—Steve, voy a darle la vuelta a su modelo aquí. ¿Alguna vez el United Bank ha montado antes toda una campaña de publicidad? ¿Alguna vez ha trabajado con una agencia de publicidad, y mucho menos con nuestra agencia? ¿Acaso Roger y sus agentes de publicidad son expertos?

Steve miró a Rhonda, al modelo, y otra vez a Rhonda mientras comprendía la verdad. Había abandonado al United Bank igual que sentía que Rhonda le había abandonado a él. Ellos no tenían ni idea de cómo darle una estrategia.

—Es como un ciego que guía a otro ciego —admitió Steve—. Ellos eran principiantes entusiastas en D1 y ahora estoy seguro de que son aprendices desilusionados en el D2 de todo el proceso. Tenemos que darles mucha dirección y apoyo para que acepten la estrategia.

—Reunámonos mañana por la tarde y le ayudaré a trabajar en la estrategia —dijo Rhonda.

Sacaron sus teléfonos celulares y programaron una reunión.

A la señal de Steve, Tina le pasó disimuladamente la cuenta y le puso una mirada interrogativa. Ella le hizo un gesto: ¿pulgar arriba o pulgar abajo? Steve respondió con un doble pulgar arriba por debajo de la mesa.

—Gracias por su cooperación —dijo en voz baja—, y quédese el cambio.

Le hizo un guiño y le dio una generosa propina.

9

Un minuto mágico

Steve estaba de pie detrás del estrado, hablando bajito al técnico audiovisual a través de su auricular. Era de nuevo el coproductor del programa de premios de publicidad del año. El maestro de ceremonias anunció la siguiente categoría: Mejor Programa de la campaña global de publicidad. Mientras se leían los cinco finalistas, Steve echó un vistazo rápido a la audiencia. Rhonda y Grant estaban sentados en la tercera fila con Roger del United Bank. Steve esperaba que ellos no se decepcionaran mucho.

El maestro de ceremonias abrió el sobre.

—El ganador es —hizo una pausa—, ¡Irma's Italian Eateries!

Unos gritos surgieron entre la multitud mientras se anunciaban los nombres del equipo creativo y la agencia de publicidad.

Steve vio cómo Rhonda se giraba y le daba a Roger una palmadita de consuelo en el brazo. *Espera y verás*, pensaba él.

El maestro de ceremonias le entregó los trofeos triangulares de cristal y esperó a que cesaran los aplausos antes de hacer el siguiente anuncio.

—Este año, el panel de jueces añadió una nueva categoría: el Premio de los Jueces para el mejor programa entre los nuevos anunciantes. Y ese premio es para... ¡United Bank!

Steve vio cómo Roger saltó de su asiento y agarró a Grant por los hombros. Steve se rio fuerte al ver al formal presidente del banco tan animado. Resultó ser que Roger se había convertido en un cliente ideal. Cuando el Maestro de ceremonias reconoció a Creative Advertising y el equipo del United Bank, Steve vio que estaba más feliz por los demás que por él mismo: Peter por la dirección de arte, Alexa por la redacción de textos, Maril por la compra de multimedia, Jude por la producción, Grant como ayudante de contador ejecutivo, y Steve como contador ejecutivo. La mirada de mamá orgullosa en el rostro de Rhonda no tenía precio.

Los nueve meses que habían pasado desde que Rhonda y Steve se habían reunido en Irma's Eatery habían sido intensos. Era apropiado que la cadena de restaurantes ganara el gran premio y que Creative Advertising ganara el premio sorpresa de la noche. Steve estaba agradecido con Rhonda y su equipo, pero también con sus dos mejores colaboradores para el éxito: Blair y Cayla. Blair había pasado de ser novia a esposa y de ser alguien a quien le costaba correr a ser maratoniana, confiando en que el Modelo de Liderazgo Situacional II le ayudara a dominar la carrera de larga distancia y su nuevo matrimonio. Steve continuó siendo mentoreado por Cayla, aunque no tan frecuentemente como al principio. Steve sintió una punzada de tristeza, pues no tenía la observación de Cayla esa noche. Se había acostumbrado a que su maga favorita apareciera en el momento más extraño y oportuno.

Steve terminó lo que tenía que hacer entre bambalinas, le dio las gracias al maestro de ceremonias por el buen trabajo realizado, y se unió al pequeño grupo de personas que aún charlaban en el vestíbulo. Irrumpieron en aplausos cuando entró él. Se produjeron abrazos de oso y palmadas en la espalda de los compañeros de trabajo, colegas, amigos y, por supuesto, de Blair. De repente Steve sintió un golpecito en su brazo. Era Rhonda.

Apartándole a un lado, acercó sus manos al oído de Steve haciendo un hueco y susurró:

—Reúnete conmigo en mi oficina a primera hora del lunes en la mañana —sonrió y se fue.

El lunes, Steve saludó a Phyllis, que ahora era su secretaria y también la de Rhonda.

—La jefa quiere verme. ¿Tiene alguna idea del motivo?

Poniendo su sonrisa de Mona Lisa, Phyllis rehusó divulgar nada.

Al escuchar la voz de Steve, Rhonda salió para recibirlo y acompañarlo a su oficina.

—Steve —dijo ella mientras cerraba la puerta—. Le sugerí a Roger una idea, y está de acuerdo a falta de su opinión. Quiero sacarle del United Bank y ascender a Grant como contador ejecutivo.

Steve no respondió, esperando que hubiera algo más en esa historia. Rhonda lo tomó como una señal para continuar.

—Quiero ascenderle a director del nuevo departamento de desarrollo empresarial. Si conseguimos algún cliente que sea especialmente atractivo para usted, tiene la opción de tomarlo como contador ejecutivo. ¿Qué piensa?

Steve procesó la noticia por un momento antes de hablar.

—La idea me intriga. Lo que me preocupa es que dejaré una posición donde estoy en la fase D4 de triunfador autosuficiente en la mayoría de mis metas para pasar a una posición donde estoy en la fase D1 de principiante entusiasta en casi todas las metas. No es solo una posición nueva para mí, sino para la agencia.

—Por eso le queremos a usted —dijo Rhonda enfáticamente—. El puesto necesita a alguien que le dé forma. Alguien que desafíe la restricción asumida de que «nunca antes se ha hecho». Alguien que active puntos de poder para que use recursos como yo y mis socios que han sido responsables de nuevas empresas desde que comenzamos la compañía. Alguien que sepa cómo conseguir la dirección y el apoyo que necesita para tener éxito en el puesto.

Steve se sentía halagado, especialmente cuando Rhonda hizo alusión al aumento de salario y beneficios. Aun así, no motivado por el dinero, poder o estatus y sin haber sido nunca alguien dado a tomar decisiones de manera urgente, Steve le dijo a Rhonda que le daría una respuesta al día siguiente.

Steve lo hablaría con Blair. Pero también se sentía obligado a compartir la decisión con su mentora.

Steve estacionó directamente enfrente de Cayla's Café. Habían pasado semanas desde la última vez que había podido visitarla y tomarse un café moca. El sonido familiar de las campanas de la puerta anunció su llegada. Echó un vistazo a la mesa de siempre, y para su sorpresa, vio a Cayla sentada con un tipo de aspecto jovial que le resultaba de algún modo familiar. Cuando Cayla vio a Steve, sonrió y le saludó.

—¡Venga aquí! —dijo ella—. Tengo a alguien que me gustaría que conociera.

Steve se acercó y le extendió su mano al familiar extraño.

—Hola, soy Steve —dijo.

El hombre le dio a Steve un sentido apretón de manos.

—Encantado de conocerle, Steve. Soy...

—¡El inigualable y único Mánager al Minuto! —dijo Cayla metiéndose en la conversación—. Él es quien me enseñó todo lo que sé sobre la magia del autoliderazgo.

El rostro de Steve se iluminó.

—¡Caramba! Es un placer conocerle —dijo él—. No puedo expresar lo mucho que su enseñanza ha cambiado mi vida para bien.

El Mánager al Minuto sonrió humildemente.

—Siento como si le conociera. Cayla me ha contado todo acerca de usted. Debería sentirse muy orgulloso.

Steve sonrió.

—Cuando le cuente a ella las novedades que tengo, Cayla será quien se sentirá orgullosa. También necesito su consejo sobre una oferta que me ha hecho mi jefa. Pero un momento, les estoy interrumpiendo. Volveré luego.

—¡Já! —el Mánager al Minuto soltó una sentida carcajada—. ¿Cómo puede rechazarlo, Cayla? Usó el término «necesito».

Cayla se rio y le hizo señas a Steve para que se sentara. Steve les contó sobre la victoria del United Bank en el programa de premios y su orgullo por el éxito de su equipo. Después bosquejó su nueva oportunidad de trabajo.

—Felicidades, Steve —Cayla se giró hacia el Mánager al Minuto y dijo—: Imagino que es el momento.

—¿El momento de qué? —preguntó Steve con cierta aprensión.

—De soltarle —respondió Cayla.

Steve la miró a ella, después al Mánager al Minuto, como pidiendo una explicación.

—Steve —dijo él—, la belleza de desarrollar a un autolíder es que al final libera a los mánager para que enfoquen su atención donde más se necesita. El trabajo de Cayla fue enseñarle a ser un autolíder. Ella logró su meta. Es tiempo de que ella dedique su atención a otros que la necesitan.

—Pero aún no estoy en el nivel de triunfador autosuficiente en todo. Aún necesito dirección y apoyo —protestó Steve.

—Puede que no esté en el nivel de triunfador autosuficiente en muchas de las metas y tareas que requiere su nueva oportunidad de trabajo —dijo con firmeza el Mánager al Minuto—, pero ha conseguido dominar los tres trucos del autoliderazgo:

Los autolíderes desafían las limitaciones supuestas, activan sus puntos de poder, y son proactivos para conseguir lo que necesitan para tener éxito.

—Simplemente continúe practicando los trucos y se las arreglará para tener éxito. Hay otros posibles autolíderes que ahora necesitan a Cayla —dijo él.

La puerta de la cafetería se abrió de golpe y un grupo de niños entraron precipitadamente, dirigiéndose directamente al Rincón Mágico de Cayla.

—Vaya, vaya —dijo Cayla mientras se levantaba de su silla de un salto—. ¡Hora de la función!

—Cayla —dijo Steve mientras la agarraba por el codo—, antes de que se vaya, ¿cómo puedo agradecerle lo que ha hecho? ¿Cómo podré compensarle por toda su ayuda?

—Solo sea usted mismo —respondió Cayla.

Antes de que Steve pudiera decir nada más, Cayla estaba enfrente de los deseosos niños, sentada en su taburete, mirando intensamente a cada uno de ellos para ganarse su atención. En su tono de voz, ella dijo:

—Me llamo Cayla, y soy maga.

Cuando el aplauso cesó, Cayla miró a Steve mientras preguntaba a los fascinados niños:

—¿Creen ustedes en la magia?

Steve sonrió. *Qué sabes; yo sí creo en la magia,* pensó él. En ese momento, sintió un golpecito en su hombro.

—¡Buena suerte! —susurró en su oído el Mánager al Minuto—. Será un mago excelente.

—¿Qué quiere decir? —le susurró también Steve.

El Mánager al Minuto simplemente señaló a una señora con mirada triste que estaba sentada en una mesa. Con su mirada fija y perdida, se parecía a Steve cuando entró y conoció por primera vez a Cayla.

El Mánager al Minuto hizo un guiño y se levantó de su asiento, dirigiéndose hacia la salida.

Mientras veía desaparecer por la puerta al Mánager al Minuto, Steve de repente supo cómo podía agradecerle a Cayla lo que había hecho. No lo haría compensándole a ella directamente. Le daría las gracias continuando el legado del Mánager al Minuto y

✳

*Enseñando a
otros la magia del
autoliderazgo.*

✳

Apéndice: El truco de la tarjeta de presentación

¿Puede hacer un agujero en una tarjeta de presentación lo suficientemente grande para poder meter su cabeza por él? Este truco demuestra el poder de desafiar las limitaciones supuestas. Para dominarlo, siga estos cuatro pasos:

1. Consiga una tarjeta de presentación y dóblela por la mitad en sentido horizontal. Comenzando desde el lado doblado, haga una serie de cortes con medio centímetro de separación entre cortes que lleguen hasta un centímetro del lado opuesto.

2. Gire la tarjeta por completo para que el lado abierto del doblez quede mirando hacia usted. Entre los cortes, haga más cortes que vayan en dirección opuesta, y que lleguen hasta un centímetro del lado opuesto de la tarjeta.

3. Introduzca las tijeras por los dobleces comenzando desde el primero. Corte por el borde doblado, deteniéndose en el último doblez, con cuidado de dejar medio centímetro del doblez intacto por cada lado.

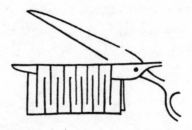

4. Desdoble con cuidado la tarjeta, separando los cortes todo lo que den de sí, e introduzca el anillo resultante por su cabeza.

Reconocimientos

Nos gustaría dar las gracias a las personas que han aportado su propia magia especial a este libro: **Martha Lawrence**, que no solo nos ayudó a dar forma a este libro, sino también a nuestros corazones; nuestros nuevos miembros del equipo SSL Victoria Cutler, Kim King y Jay Cambell; **Maril Adrian**, que pastoreó Autoliderazgo y el EDGE hasta que este alcanzó su éxito; **Linda Hulst, Patrice DeVeau Simpson** y **Charlene Ables**, quienes se tomaron un interés especial en mejorar la calidad de este libro; clientes y colegas que aportaron tiempo de sus ocupadas vidas para darnos retroalimentación y apoyo, especialmente **The Marmaxx Group** y **Nancy Maher; Jim Martin** de Dow Chemical; **Humberto Medina, Trevor Keighly, Linda Taylor, Carla de Bose, Jason Arnold, Richard Andrews, Debra Talbert** y **Mark Manning** de The Ken Blanchard Companies; y nuestro brillante editor en William Morrow, **Henry Ferris**.

Susan: Me gustaría agradecer personalmente a **Kenny Taylor**, que enseña sabiduría mediante las artes marciales y el autoliderazgo a través de la aplicación; **Peter Turner**, que me enseñó a tomarme la magia en serio; **Bill Brown**, que abrió mis ojos a cosas invisibles; **Aubrey Keen**, que se ha asociado conmigo en mi continua búsqueda de autoconocimiento; **Kip Woodring**, por su apoyo durante muchos años, su sabiduría en las motocicletas y su clásica canción del vendedor de repuestos.

Todos deseamos dar las gracias a nuestros colaboradores. Ken da las gracias a su esposa, **Margie,** que ha sido una inspiración y socia de aprendizaje durante más de cincuenta años. Susan da las gracias a **Drea Zigarmi,** su mentor y socio en la vida, cuya pasión sobre el liderazgo solo se ve superada por su pasión por el buen pensamiento; Laurence da las gracias a **Laurie Ozanne Hawkins**, quien ha sido parte del viaje de Blanchard desde el principio.

Acerca de los autores

Ken Blanchard es el director espiritual de The Ken Blanchard Companies, una empresa mundial de desarrollo del recurso humano. También es el cofundador de Lead Like Jesus, una organización de desarrollo de liderazgo global que ayuda a individuos y organizaciones a liderar con más eficacia siguiendo el modelo de Jesús. Pocas personas han causado un impacto más positivo y duradero en la gestión diaria de personas y empresas que Ken Blanchard. Es el autor de varios libros *best seller*, incluyendo el popular éxito de ventas internacional *El mánager al minuto* y los grandes *best seller* empresariales *El líder ejecutivo al minuto, ¡Cierre las brechas!* y *¡A la carga!* Sus libros han tenido unas ventas de más de veinte millones de ejemplares en conjunto en más de cuarenta idiomas. Él y su esposa, Margie, viven en San Diego y trabajan con su hijo Scott, su hija Debbie y la esposa de Scott, Madeleine.

Susan Fowler ha sido socia consultora en The Ken Blanchard Companies desde 1990. Con Ken Blanchard y Laurence Hawkins ella creó y es la principal desarrolladora de Autoliderazgo, considerado uno de los mejores programas del mundo para promover conductas laborales proactivas. También es la principal desarrolladora de la experiencia de entrenamiento Optimal Motivation y autora del libro *best seller ¿Por qué motivar a la gente no funciona, y qué sí: nuevos descubrimientos científicos sobre liderazgo y la gestión de personas.* Durante su carrera de treinta años ha publicado artículos firmados, investigación revisada por colegas, y libros que incluyen *Achieve Leadership Genius* con Drea Zigarmi y Dick Lyles, *Leading at a Higher Level* con Ken Blanchard, *The Team Leader's Idea-a-Day Guide* con Drea Zigarmi, *Empowerment* con Ken Blanchard, *Good Leaders, Good Shepherds* con Dick Lyles, así como programas de audio sobre *Mentoring: How to Foster Your Career's Most Crucial Relationships and Overcoming Procrastination.*

Susan es una de las principales expertas en empoderamiento personal en el mundo actual, habiendo hablado en los cincuenta estados de Estados Unidos y en más de veinte países extranjeros. En 2002 recibió un premio por el éxito de toda una vida por diseño instructivo creativo de Thiagi's North American Simulation y Gaming Association. Recibió su título de ciencias empresariales de la Universidad de Colorado en Boulder y actualmente es profesora adjunta para la

Universidad de San Diego en su programa de Maestría de ciencias en Liderazgo Ejecutivo.

Lawrence Hawkins es un consultor de gestión internacionalmente reconocido y entrenador y orador motivacional dinámico. Durante los últimos veinte años ha trabajado con cientos de organizaciones en las áreas de entrenamiento de liderazgo, motivación, formación de equipos y desarrollo organizativo.

Su experiencia internacional le ha otorgado contratos de consultoría y entrenamiento en Sudamérica, el Lejano Oriente y varios países europeos, incluyendo España, Inglaterra, Italia, Suecia, Holanda y Dinamarca. Nacional e internacionalmente, se ha ganado la reputación de ser un profesional dedicado y bien preparado que inspira resultados positivos de una manera práctica.

La lista de clientes de Laurie incluye varias industrias y gigantes corporativos como Lockheed Martin, AT&T, Johnson & Johnson, y Bristol-Meyers Squibb, así como varias escuelas, hospitales, restaurantes y nuevas empresas.

Con Ken Blanchard y Susan Fowler, ha sido coautor del programa Autoliderazgo, que se enfoca en empoderar y tomar la iniciativa cuando usted no está a cargo.

Laurie recibió su título en historia americana y literatura de Williams College y su Maestría y Doctorado en liderazgo y conducta organizativa de la Universidad de Massachusetts, Amherst.

Servicios disponibles

The Ken Blanchard Companies® está dedicada a ayudar a líderes y organizaciones a trabajar en un nivel más alto. Los conceptos y creencias presentados en este libro son solo unas cuantas de las formas en que Ken, su empresa y Blanchard International, una red global de consultores, entrenadores y *coaches* de talla mundial, han ayudado a organizaciones a mejorar la productividad en el lugar de trabajo, la satisfacción del empleado y la lealtad del cliente en todo el mundo.

Si le gustaría tener más información sobre cómo aplicar estos conceptos y enfoques en su organización, o si le gustaría tener más información sobre otros servicios, programas y productos que ofrece Blanchard International, por favor contáctenos en

Blanchard España
E-mail: info@blanchardspain.es
Teléfono: +34.917.938.120

Blanchard Colombia
E-mail: info@blanchardinternacional.com
Teléfono: +57.312.516.0837

The Ken Blanchard Companies
Sede Mundial
Escondido, CA USA
Sitio web: HYPERLINK "http://www.kenblanchard.com" www.kenblanchard.com
E-mail: HYPERLINK "mailto:international@kenblanchard.com" international@kenblanchard.com
Phone: +1-760-489-5005